JURISPRUDENTIE
INLEIDING STAATS- EN BESTUURSRECHT
1879-2019

JURISPRUDENTIE
INLEIDING STAATS- EN BESTUURSRECHT
1879-2019

Redactie
Saskia Hillegers
Hans Peters

Ars Aequi Libri
Nijmegen 2019

ISBN: 978-94-9276-680-9

NUR 823

© 2019 Ars Aequi Libri, Nijmegen.

Alle rechten voorbehouden. Niets uit deze uitgave mag worden verveelvoudigd, opgeslagen in een geautomatiseerd gegevensbestand, of openbaar gemaakt, in enige vorm of op enige wijze, hetzij elektronisch, mechanisch, door fotokopieën, opnamen, of enige andere manier, zonder voorafgaande schriftelijke toestemming van Stichting Ars Aequi Juridische uitgeverij.
Voorzover het maken van reprografische verveelvoudigingen uit deze uitgave is toegestaan op grond van artikel 16b Auteurswet 1912 j° het Besluit van 27 november 2002, *Stb.* 575, dient men de daarvoor wettelijk verschuldigde vergoedingen te voldoen aan de Stichting Reprorecht (Postbus 3060, 2130 KB Hoofddorp).
Voor het overnemen van gedeelte(n) uit deze uitgave in bloemlezingen, readers en andere compilatiewerken (artikel 16 Auteurswet 1912) dient men zich tot de Stichting PRO (Postbus 3060, 2130 KB Hoofddorp) te wenden. Voor het overnemen van een gedeelte van deze uitgave ten behoeve van commerciële doeleinden dient men zich tot de uitgever te wenden.

Hoewel aan de totstandkoming van deze uitgave de uiterste zorg is nagestreefd, kan voor de afwezigheid van eventuele (druk)fouten en onvolledigheden niet worden ingestaan en aanvaarden auteur(s), redacteur(en) en uitgever(s) deswege geen aansprakelijkheid.

Ontwerp omslag en binnenwerk: Nicolette Schuurman

INHOUDSOPGAVE

1.	HR	13-01-1879	Meerenberg	1
2.	HR	31-12-1915	Noordwijkerhout/Guldemond	4
3.	HR	28-11-1950	APV Tilburg	6
4.	HR	13-04-1962	Kruseman	9
5.	HR	22-06-1973	Fluoridering	17
6.	EHRM	23-10-1985	Benthem	25
7.	HR	18-11-1988	Arubaanse verkiezingsafspraak	31
8.	HR	26-01-1990	Windmill	35
9.	HR	07-10-1994	Zomerhuisje Nieuwveen	38
10.	ABRvS	18-09-2002	Jetski's	43
11.	CRvB	21-03-2008	Aanmaning terugbetaling studiefinanciering	45
12.	ABRvS	16-03-2016	Inzet videoteam	46
13.	ABRvS	11-01-2017	Reclame zeecontainers Berkel en Rodenrijs	48
14.	ABRvS	23-08-2017	Mestbassin Mechelen	51
15.	ABRvS	29-05-2019	Amsterdams dakterras	55

1. Hoge Raad (strafkamer)
13 januari 1879, W (1879) 4330

MEERENBERG

De Koning heeft slechts wetgevende bevoegdheid voor zover zij uitdrukkelijk berust op de Grondwet of de wet, of strekt ter uitvoering van de wet.

De Hooge Raad der Nederlanden,
Op het beroep van den Officier van Justitie bij de Arrondissements Regtbank te Haarlem, requirant van cassatie tegen een vonnis van die Regtbank van den 17 October 1878, voor zooverre daarbij, met bevestiging van een vonnis, door den Kantonregter te Haarlem den 31 Julij 1878 gewezen, 10. Jhr. G.F. van Tets, lid van Gedeputeerde Staten van Noord-Holland, oud 63 jaren, wonende te Heemstede; 20. A. van Stralen, lid van Gedeputeerde Staten van Noord-Holland, oud 56 jaren, wonende te Haarlem; 30. Jhr. H. Teding van Berkhout, beheerend vennoot van de Haarlemsche Bankvereeniging, oud 48 jaren, wonende te Haarlem; 40. Mr. J.P.A. Teding van Berkhout, hoofdingeland van Rijnland, oud 47 jaren, wonende te Heemstede; 50. Mr. A. Rendorp, lid van Gedeputeerde Staten van Noord-Holland, oud 52 jaren, wonende te Amsterdam; en 60. Dr. D. de Haan, bierbrouwer, lid van den Raad te Haarlem, oud 43 jaren, wonende te Haarlem, te zamen uitmakende de door de Gedeputeerde Staten van Noord-Holland benoemde Commissie, belast met het algemeen beheer over de geldmiddelen, de huishouding en al de beambten van het Provinciaal Geneeskundig Gesticht voor Krankzinnigen, genaamd 'Meerenberg', gelegen in de gemeente Bloemendaal, zijn ontslagen van alle regtsvervolging ter zake der hun bij dagvaarding ten laste gelegde feiten; de kosten te dragen door de Staat;
Gehoord het verslag van den Raadsheer Telting;
Gezien de insinuatie, namens den Procureur-Generaal aan de gerequireerden beteekend, ter kennisgeving van den dag, voor de behandeling dezer zaak bepaald;
Gelet op het middel van cassatie, door den requirant voorgesteld bij memorie, bestaande in:
Verkeerde toepassing van artikel 210 van het Wet boek van Strafvordering, door van regtsvervolging te ontslaan daar waar wel en degelijk misdrijf ten laste gelegd en voor bewezen aangenomen was; Schending der Wet, door niet-toepassing van artikel 1 der Wet van den 6 Maart 1818 (Staatsblad no. 12), in verband met de artikelen 1, 2, 3, 10 en 12 van het Koninklijk Besluit van den 23 September 1877 (Staatsblad no. 185);
Gehoord den raadsman der gerequireerden in zijne bestrijding van het beroep;
Gehoord den Advocaat-Generaal Polis, namens den Procureur-Generaal, in zijne conclusiën, strekkende tot vernietiging van het beklaagde vonnis, voor zooverre

daarbij het ten opzigte van deze gerequireerden door den Kantonregter uitgesproken ontslag van alle regtsvervolging is bevestigd, en dat de Hooge Raad, regt doende ten principale, zal vernietigen het vonnis van den Kantonregter, voor zooverre deze gerequireerden daarbij van alle regtsvervolging zijn ontslagen, en, op nieuw regt doende, met toepassing van de artikelen 1, 2, 3, 10 en 12 van het Koninklijk Besluit van den 23 September 1877 (Staatsblad no. 185), artikel 1 der Wet van den 6 Maart 1818 (Staatsblad no. 12), artikel 1 der Wet van den 22 April 1864 (Staatsblad no. 29), artikelen 52 en 55 van den Code Penal, de ten laste van de gerequireerden bewezene feiten zal qualificeren: het als bestuurders van een krankzinnigengesticht 10. niet binnen veertien dagen na de in werking treding van het Koninklijk Besluit van den 23 September 1877 (Staatsblad no. 185) aan het bestuur der gemeente waar het gebouw is gelegen, opgaaf doen van hunnen naam en van hunne betrekking, alsmede van de gebouwen, wier bevolking in het register in artikel 1 van genoemd Koninklijk Besluit bedoeld, behoort te worden ingeschreven; 20. niet in den loop der maand Januarij aan het bestuur der gemeente waar het gebouw gelegen is, opgaaf verstrekken van den loop der bevolking van het gesticht, wat betreft de maanden November en December 1877; 30. niet zorg dragen voor de inschrijving der bevolking van het gesticht in afzonderlijke registers overeenkomstig de bij dat Koninklijk Besluit vastgestelde regelen; – en de gerequireerden te dier zake zal veroordeelen ieder tot betaling van drie geldboeten van tien gulden, met bepaling dat iedere boete, bij niet-betaling binnen twee maanden na aanmaning, zal vervangen worden door gevangenisstraf van één dag, alles met veroordeeling van de gerequireerden in de ten hunnen opzigte in eersten aanleg en hooger beroep gemaakte kosten, alsmede in die, welke op deze voorziening in cassatie zijn gevallen, solidair en des noods bij lijfsdwang op hen te verhalen;
Overwegende, dat de gerequireerden met Jhr. V.J.I. Barnaart, te Vogelenzang – Bloemendaal, ten wiens opzigte bij het beklaagde vonnis de vervolging vervallen is verklaard, zijn gedagvaard ter zake dat op den 12 April 1878 zoude zijn bevonden, dat, terwijl zij te zamen uitmaakten de door de Gedeputeerde Staten van Noord-Holland benoemde Commissie, belast met het algemeen beheer over de geldmiddelen, de huishouding en al de beambten van het Provinciaal Geneeskundig Gesticht voor Krankzinnigen, genaamd 'Meerenberg', gelegen in de gemeente Bloemendaal, door hen verzuimd was:
10. aan het bestuur dier gemeente opgaaf te doen van hunne namen en betrekkingen, alsmede van het hiervoren genoemde gesticht;
20. aan hetzelfde bestuur in Januarij 1878 opgaaf te doen van den loop der bevolking van genoemd gesticht, voor zooveel de maanden November en Decem-

ber 1877 betreft, overeenkomstig de voorschriften van artikel 10 van het Koninklijk Besluit van den 23 September 1877 (*Staatsblad* no. 185);

3o. aan te leggen en te houden een register ter inschrijving der bevolking van genoemd gesticht, overeenkomstig de voorschriften van artikel 1 en volgende van het hiervoren aangehaald Koninklijk Besluit;

Overwegende, dat bij het beklaagde vonnis is overwogen, dat de feiten aan de gerequireerden bij dagvaarding ten laste gelegd, door den Kantonregter te regt als wettig en overtuigend bewezen zijn aangenomen, maar dat de gerequireerden, met bevestiging van het vonnis des Kantonregters, van alle regtsvervolging te dier zake zijn ontslagen, op grond, dat het Koninklijk Besluit van den 23 September 1877 (*Staatsblad* no. 185), waarbij de besturen der daarin bedoelde gestichten, ten dienste der bevolkingsstatistiek, onder anderen worden belast met werkzaamheden, tot den eigenaardigen werkkring der gemeentebesturen behoorende, niet strekt ter uitvoering eener wet, noch tot regeling van een onderwerp, welks regeling bij de Grondwet aan den Koning is opgedragen, en dat mitsdien de overtredingen van de bepalingen van dat Koninklijk Besluit niet kunnen geacht worden bij de Wet van den 6 Maart 1818 strafbaar te zijn gesteld; dat wel is waar artikel 140 der Gemeentewet bepaalt, dat de raad, in overeenstemming met de algemeene of provinciale voorschriften, de noodige verordeningen maakt tot verdeeling der gemeente in wijken en tot opmaking van volledige staten der bevolking en harer huizing, doch dat niet blijkt, dat met de daar gebezigde uitdrukking 'algemeene voorschriften' iets anders zou bedoeld zijn dan voorschriften vast te stellen bij of moetende strekken ter uitvoering van eene eventueel op de daar bedoelde in het leven te roepen wet;

Overwegende, dat tegen deze beslissing het voorgestelde middel van cassatie is gerigt;

Overwegende nu te dien aanzien, dat wel bij de Wet van den 6 Maart 1818 strafbepalingen zijn gemaakt tegen de overtreding van bepalingen, vastgesteld bij algemeene maatregelen of reglementen van inwendig bestuur van den Staat, bij artikel 73 der Grondwet vermeld, en dat in genoemd artikel der Grondwet van 1815, overeenkomende met artikel 72 der tegenwoordige Grondwet, is voorgeschreven, dat de Koning ter overweging bij den Raad van State brengt alle algemeene maatregelen van inwendig bestuur van de Staat en van zijne koloniën en bezittingen in andere werelddeelen, terwijl artikel 117 der tegenwoordige Grondwet eene bepaling bevat omtrent de regeling der wijze van afkondiging van algemeene maatregelen van inwendig bestuur en het tijdstip, waarna zij zullen werken, maar dat evenmin de wet van 1818, als de Grondwet, waarnaar deze wet verwijst, noch eenige andere wet eenige omschrijving inhoudt van hetgeen onder zoodanige algemeene maatregelen van inwendig bestuur moet worden verstaan;

Overwegende, dat alzoo de vraag, hoever de bevoegdheid des Konings, met opzigt tot de onderwerpen, die daarbij kunnen worden geregeld, zich uitstrekt, moet worden beantwoord uit het stelsel der Grondwet ten aanzien van de magt des Konings in het algemeen;

Overwegende daaromtrent, dat de Grondwet het aan den Koning en aan den algemeenen wetgever toekomende gezag naauwkeurig onderscheidt; dat volgens artikel 104 de wetgevende magt uitgeoefend wordt door den Koning en de Staten-Generaal gezamenlijk, terwijl in de zesde Afdeeling van het tweede Hoofdstuk de onderscheidene bestanddeelen van 's Konings magt met name worden aangegeven, en bepaaldelijk bij artikel 54 den Koning geene wetgevende, maar uitvoerende magt wordt toegekend;

Overwegende, dat wel is waar nergens eenige bepaling uitdrukkelijk voorschrijft, dat algemeene maatregelen van inwendig bestuur, door den Koning te nemen, op de Grondwet of op eene wet moeten berusten, of daarvan het uitvloeisel zijn, maar dat daaruit niet volgt, dat de Koning in het algemeen de bevoegdheid zou hebben tot het uitvaardigen van dergelijke maatregelen, ook wanneer die niet steunen op eenige wet of daarvan uitvloeisels zijn;

Overwegende immers, dat, ingevolge vorengemeld stelsel der Grondwet, het niet de vraag is of die bevoegdheid den Koning door eenige uitdrukkelijke bepaling *ontzegd*, maar of zij hem *toegekend* zij, en alzoo steunt hetzij op eenig bestanddeel van 's Konings in de Grondwet omschreven magt, hetzij op eenige directe of indirecte delegatie des wetgevers, in verband met 's Konings bevoegdheid als uitvoerende magt;

Overwegende, dat ook de wet van den 6 Maart 1818 in artikel 1 niet kan geacht worden eene algemeene en onbepaalde bevoegdheid aan het uitvoerend gezag te verleenen, maar alleen kan worden opgevat in dien zin, dat zij voor al de gevallen, waarin eenige wet aan den Koning de bevoegdheid verleent, om de daarbij bijzonder aangewezene bepalingen te maken, aan de overtreding dier bepalingen eens voor al de in het artikel genoemde straffen verbindt;

Overwegende, dat hieruit volgt, dat buiten deze wet (die alleen de straf bepaalt, doch geene bevoegdheid regelt) moet worden onderzocht, of de bevoegdheid tot het maken der ingeroepene bepalingen van het Koninklijk Besluit van den 23 September 1877 (*Staatsblad* no. 185) als strafbepaling bij eenige wet aan de uitvoerende magt is opgedragen;

Overwegende nu, dat dit Besluit niet strekt tot uitvoering eener wet, noch op eenige wet berust;

Overwegende toch, dat als zoodanig niet kan gelden de Wet van den 29 Mei 1841 (*Staatsblad* no. 20); dat wel in artikel 7 dier wet de gestichten, bestemd tot opneming en verzorging van krankzinnigen, onderworpen worden verklaard aan het oppertoezigt der Regering, doch dat dit oppertoezigt hoofdzakelijk de strekking heeft om te zorgen, dat die gestichten aan hunne wettelijke bestemming blijven beantwoorden;

Overwegende, dat de bevoegdheid om aan de besturen dier gestichten de verpligting op te leggen tot het houden van bevolkingsregisters en hetgeen daarmede verder in verband staat, evenmin kan worden afgeleid uit artikel 18 dier wet, waarin is voorgeschreven, dat door de bestuurders in een register, ingerigt naar een daarvan vast te stellen model, moet worden melding gemaakt van de overhandiging der expeditie van het bevelschrift of de dispositie, waarbij de magtiging tot opneming van een krankzinnige is verleend, vermits toch de verpligtingen, aan de besturen van krankzinnigen-gestichten bij het Koninklijk Besluit van den 23 September 1877 opgelegd, van geheel anderen aard zijn en verder strekken dan de in artikel 18 voorgeschrevene verpligting, en dit Besluit dan ook blijkbaar niet is genomen om uitvoering te geven aan de vaststelling van het in dat artikel bedoelde model, waaraan reeds bij Koninklijk Besluit van den 5 October 1841 (*Staatsblad* no. 41) uitvoering was gegeven;

Overwegende, dat ook uit artikel 140 der Gemeentewet die bevoegdheid niet volgt, gelijk bij het beklaagde vonnis te regt is overwogen; dat toch bij dat artikel is bepaald, dat de gemeenteraad de noodige verordeningen maakt tot verdeeling der gemeente in wijken en tot opmaking van volledige staten der bevolking en harer huizing, en dat hier wel is bijgevoegd, dat hij dit doet 'in overeenstemming met algemeene en provinciale voorschriften', terwijl, blijkens de geschiedenis van dat artikel, onder de algemeene voorschriften wel worden verstaan algemeene maatregelen van bestuur, maar dat die maatregelen, volgens de duidelijke woorden der bepaling, enkel betrekking kunnen hebben op de door de gemeenteraden vast te stellen verordeningen betrekkelijk de bevolkingsstaten, en daaruit alzoo niet voortvloeit de bevoegdheid, om bij zoodanigen maatregel aan besturen van krankzinnigen-gestichten de verpligting op te leggen tot het maken van bevolkingsregisters;

Overwegende, dat alzoo het aangevoerde cassatiemiddel is ongegrond;

Verwerpt het beroep; de kosten te dragen door den Staat.

2. Hoge Raad (burgerlijke kamer)
31 december 1915, ECLI:NL:HR:1915:AG1773

NOORDWIJKERHOUT/GULDEMOND

Uit artikel 165 Grondwet van 1815 en ook uit artikel 2 RO (oud) valt af te leiden dat de uitsluitende bevoegdheid van de rechterlijke macht afhankelijk is gesteld van het voorwerp van geschil, dat is van het recht waarin de aanlegger vraagt te worden beschermd.

De Hooge Raad der Nederlanden in de zaak (no 4438) van:
J.P.J.M. Sweens, wonende te Noordwijkerhout in zijne hoedanigheid van Burgemeester dier Gemeente en als zoodanig voor haar in rechte optredende, eischer tot cassatie van een arrest den eersten Februari 1915 door het Gerechtshof te 's Gravenhage tusschen partijen gewezen, vertegenwoordigd door mr. A. L. Hermans, advocaat bij den Hoogen Raad.
Tegen:
A. Guldemond, bloemist, wonende te Lisse, verweerder in cassatie, vertegenwoordigd door mr. dr. J. H. W. Q. ter Spill, mede advocaat bij dien Raad.

Partijen gehoord;
Gehoord den Advocaat-Generaal Tak, namens den Procureur-Generaal, in zijne ter terechtzitting heden herhaalde conclusie, strekkende tot verwerping van het beroep met in veroordeeling der eischeresse in de kosten op de cassatiebehandeling gevallen;
Gezien de stukken;
Overwegende, dat blijkens het bestreden arrest en blijkens het vonnis door den President der Arrondissements-Rechtbank te 's-Gravenhage den 23sten April 1914 tusschen partijen gewezen, waarheen dat arrest voor wat de feiten betreft verwijst, Guldemond de verweerder in cassatie, bij inleidende dagvaarding heeft gesteld:
dat hij, in 1905 door aankoop eigenaar geworden van verschillende perceelen bosch- en geestland gelegen onder Noordwijkerhout door die aangekochte gronden heeft gegraven eene twaalf meter breede vaarsloot, die een openbaar voetpad 'Het Harde Pad' genaamd kruist;
dat hij eischer tal van jaren in het ongestoord bezit van die vaarsloot is geweest, doch dat in April 1914 de gedaagde, optredende voor de gemeente Noordwijkerhout, hem in dat bezit heeft gestoord en aanstalten heeft gemaakt om de vaart in die sloot, door het op voormeld kruispunt daarin doen storten van zand te belemmeren;
dat Guldemond op bovenstaande gronden heeft gevorderd, dat aan de gemeente Noordwijkerhout worde bevolen, het storten van zand in de bedoelde vaarsloot te staken, met machtiging op hem eischer, om het zand, reeds in die sloot gestort, daaruit te doen verwijderen en het verder daarin storten van zand te beletten, een en ander op de wijze nader daarbij omschreven;

Overwegende, dat de gemeente Noordwijkerhout daartegen heeft aangevoerd, dat de burgerlijke rechter onbevoegd is om van deze zaak kennis te nemen, daar de handelingen waarover Guldemond klaagt, door Burgemeester en Wethouders van Noordwijkerhout, ter naleving van de in artikel 179*h* der Gemeentewet hun opgelegde verplichting waren bevolen;

Overwegende, dat de President der Rechtbank in zijn bovenaangehaald vonnis zich bevoegd heeft verklaard van de ingestelde vordering kennis te nemen, en dat het Hof bij het bestreden arrest die beslissing heeft bekrachtigd, op grond dat de ingestelde vordering tot strekking heeft om te worden gehandhaafd in het bezit van pad en vaarsloot, in welk bezit Guldemond beweert door de gemeente Noordwijkerhout te zijn gestoord, zoodat het geschil betreft een burgerlijk recht, waarvan volgens art. 153 der Grondwet en het daarmede ongeveer gelijkluidend artikel 2 der Wet op de Rechterlijke Organisatie de rechterlijke macht bij uitsluiting bevoegd is kennis te nemen;

Overwegende, dat tegen 's Hofs beslissing als eenig middel van cassatie wordt aangevoerd: 'Schending van artikel 2 der Wet op de Rechterlijke Organisatie, jo 179*h* der Gemeentewet, door te beslissen, dat het geschil tusschen partijen een geschil is, dat staat ter competentie van den burgerlijken rechter en dat mitsdien de President der Arrondissements-Rechtbank te 's-Gravenhage zich terecht bevoegd heeft verklaard van dat geschil kennis te nemen, zulks op de onjuiste overwegingen in de drie vóórlaatste rechtsoverwegingen van voormelde arrest neergelegd';

Overwegende hieromtrent: dat artikel 163 van de Grondwet van 1815, ten einde te breken met het stelsel der Fransche Administratie, waarbij deze de beslissing aan zich trok van alle geschillen, waarin de belangen van den Staat met die van bijzondere personen in botsing kwamen, in beginsel vaststelde: 'Alle twistgedingen over eigendom of daaruit voortspruitende regten, over schuldvordering of burgerlijke regten behooren bij uitsluiting tot de kennis van de regterlijke magt.' – en dat als uitvloeisel van dit grondwettelijk voorschrift artikel 2 der Wet op de Rechterlijke Organisatie van 18 April 1827 is opgenomen;

Overwegende, dat niet kan worden aangenomen, dat bovenaangehaald Grondwetsartikel eene zuivere onderscheiding wilde maken tusschen privaatrechtelijke en publiekrechtelijke geschillen, welke onderscheiding in 1815 nagenoeg onbekend was, doch dat blijkens de woorden 'bij uitsluiting', daarbij de gedachte heeft voorgezeten, om de macht der Administratie te beperken, en de in dat artikel genoemden onvoorwaardelijk te stellen onder de hoede der rechterlijke macht;

Overwegende, dat derhalve niet het publiek- of privaatrechtelijk karakter van het geschil, maar het te beschermen recht de uitsluitende bevoegdheid der rechterlijke macht zou bepalen, gelijk nader blijkt uit den Franschen tekst van dit Grondwetsartikel: 'Les contestations *qui ont pour objet* la propriété ou les droits qui en dérivent etc.';

Overwegende, dat aan artikel 2 der Wet op de Rechterlijke Organisatie dezelfde beteekenis moet worden toegekend, gelijk nader blijkt uit hetgeen bij de totstandkoming dezer wet in April 1827 in de Tweede Kamer der Staten-Generaal is voorgevallen;

Overwegende, dat artikel 2 van het oorspronkelijk wetsontwerp luidde: 'De kennisneming en beslissing van alle geschillen over eigendom of daaruit voortspruitende regten, over schuldvorderingen of burgerlijke regten, en de toepassing van alle soorten wettig bepaalde straffen, zijn opgedragen aan de regterlijke magt enz.';

dat eenige leden der vierde afdeeling den wensch uitspraken: 'qu'on insère le mot: "exclusivement déférés", pour que la loi s'exprime dans la même étendue que la Loi fondamentale', en dat gelijksoortige aanmerking werd gemaakt in de zesde afdeeling: (zie Noordziek, Hand. Staten-Generaal 1826/ 27 Bijl. bl. 408 en 421) aan welke opmerkingen de Regeering heeft gevolg gegeven;

Overwegende, dat verder in de artikelen 2, 3 en 4 van het Ontwerp, aan het Administratief gezag het recht werd toegekend, om in eene zaak voor den Rechter aanhangig, de onbevoegdheid van de rechterlijke macht te beweren, in welk geval de Rechter zich zou onthouden verder van de zaak kennis te nemen, totdat de Koning op advies van den Hoogen Raad over die bewering zou hebben beslist;

dat deze artikelen bij de Tweede Kamer zijn gestuit op een hevig verzet, dat – verklaarbaar uit hetgeen tusschen 1815 en 1827 ten aanzien van de zoogenaamde 'conflicten van attributie' was voorgevallen – zich zoowel bij de schriftelijke als bij de mondelinge behandeling heeft geopenbaard;

dat o.a. de 4e Afdeeling eenstemmig van oordeel was, dat die bepalingen onaannemelijk waren en bezwaarlijk met artikel 163 der Grondwet vereenigbaar, terwijl ook meerdere leden van de 5e Afdeeling van gevoelen waren, dat de Rechter zelf over zijne incompetentie zou moeten beslissen, (Noordziek l.c. bl. 408 en 415);

dat bij de mondelinge behandeling door verscheidene leden werd op den voorgrond gesteld, dat volgens artikel 163 der Grondwet, de daarin genoemde rechten door den burgerlijken rechter moeten worden beschermd, ook als zij met de rechten der Administratie in botsing kwamen (zie o.a. de redevoeringen van Donker Curtius en Lehon, implicite ook Dijckmeester en de Gerlache Noordziek l.c. bl. 265, 318, 321 en 327);

Overwegende, dat ingevolge dien tegenstand de artikelen 2, 3 en 4 van het Ontwerp bij Koninklijke Boodschap van 9 April 1827 zijn ingetrokken (Noordziek l.c. bl. 345);

Overwegende, dat uit een en ander valt af te leiden, dat ook in artikel 2 der Wet op de Rechterlijke Organisatie de uitsluitende bevoegdheid van de rechterlijke macht is afhankelijk gesteld van het voorwerp van het geschil, dat is van het recht waarin de aanlegger vraagt te worden beschermd, en niet van den aard van het recht waarop de verweerder zijn verweer grondt;

Overwegende, dat bij de toelichting van het middel ten onrechte door den raadsman van de gemeente Noordwijkerhout, onder verwijzing naar de Romeinsch rechtelijke Litis contestatio, een beroep is gedaan op het woord 'geschillen' in voormeld wetsartikel in den Franschen tekst door het woord 'contestations' weergegeven, en beweerd dat er in deze van geen 'geschil', van geene 'contestation' kan sprake zijn daar het door Guldemond beweerde bezit door de gemeente Noordwijkerhout niet wordt ontkend;

dat immers aan de litis contestatio van het Romeinsch recht hier niet kan worden gedacht, doch een 'geschil (une contestation)' aanwezig is, als de een beweert iets te mogen vorderen, terwijl de ander het recht van vorderen tegenspreekt, in welken algemeenen zin het woord 'geschil' ('contestation') dan ook in meerdere artikelen van de Wet op de Rechterlijke Organisatie van 18 April 1827 voorkomt (zie bijvoorbeeld de artikelen 24, 44, 45, 59 en 91);

dat derhalve, nu Guldemond beweert recht te hebben op het rustig en ongestoord genot van de door hem bezeten vaarsloot en de gemeente Noordwijkerhout de uitoefening daarvan belemmert of onmogelijk maakt, zeker aanwezig is een geschil als bedoeld in artikel 2 der Wet op de Rechterlijke Organisatie;

Overwegende, dat dit geschil het bezit van de vaarsloot tot voorwerp heeft, al mochten ook de daden waardoor die belemmering plaats vond, door het Gemeentebestuur van Noordwijkerhout ter uitvoering van artikel 179*h* der Gemeentewet zijn ondernomen en al wordt het bezit op zich zelf door dat Bestuur niet ontkend;

Overwegende, dat dit bezit is een burgerlijk recht, zoodat de rechterlijke macht uitsluitend bevoegd is van dit geschil kennis te nemen en daarin eene beslissing te geven;

Overwegende, dat mitsdien het middel is onaannemelijk;

Verwerpt het beroep.

3. Hoge Raad (strafkamer)
28 november 1950, ECLI:NL:HR:1950:1

APV TILBURG

De gemeentelijke wetgever is niet bevoegd om de verspreiding van gedrukte stukken op grond van de inhoud daarvan te verbieden. Het begrip 'wet' in de zin van artikel 7 Grondwet heeft de betekenis van een wet in formele zin.

De Hoge Raad der Nederlanden,
Op het beroep van den Officier van Justitie bij de Rechtbank te Breda, requirant van cassatie tegen een vonnis van die Rechtbank van den 29 December 1949, waarbij in hoger beroep, met vernietiging van een vonnis van den kantonrechter te Tilburg van 21 Juni 1949, X, agent spoorwegboekhandel, geboren 18 October 1906 te Tilburg en wonende aldaar, van alle rechtsvervolging is ontslagen;
Gehoord het verslag van den Raadsheer Vrij;
Gezien het gerechtelijk schrijven namens den Procureur-Generaal aan den gerequireerde uitgereikt, ter kennisgeving van den dag voor de behandeling dezer zaak bepaald;
Gelet op het middel van cassatie, door den requirant voorgesteld bij schriftuur en luidende:
Schending of verkeerde toepassing van artikel 7 der Grondwet, de artikelen 168 en 195 der Gemeentewet, de artikelen 15 quater en 252, 1e lid der Algemene Politieverordening der Gemeente Tilburg en de artikelen 350, 351, 352, 359 en 398 van het Wetboek van Strafvordering, daar de Rechtbank artikel 15 quater der Algemene Politieverordening der Gemeente Tilburg onverbindend heeft verklaard, aangezien naar het oordeel der Rechtbank tegen openbaar maken of verspreiden van gedrukte stukken of afbeeldingen van bepaalde strekking bij wettelijke bepalingen weliswaar straffen kunnen worden bedreigd, echter dat naar het oordeel van de Rechtbank op grond van de slotzinsnede van artikel 7 der Grondwet, sprekende van ieders verantwoordelijkheid volgens de wet, die bepalingen slechts kunnen zijn bepalingen, die na als voorstellen van wet door de Staten-Generaal te zijn aangenomen en door den Koning te zijn goedgekeurd, kracht van wet hebben verkregen en door den Koning zijn afgekondigd; zulks terwijl vooreerst onder 'wet' in artikel 7 der Grondwet evenals in artikel 180 en evenals onder 'strafwet' in artikel 174 der Grondwet begrepen moeten worden de oudtijds als politie-reglementen bekend staande bepalingen, voorts uit de totstandkoming van artikel 7 der Grondwet geen enkel argument is te putten, dat dit artikel de lagere wetgever zou verbieden binnen den kring zijner bij de wet toegekende bevoegdheid drukpersdelicten te scheppen, en tenslotte het steeds de geest van onze Grondwet is geweest dat de grondrechten, waartoe ook de vrijheid van drukpers behoort, geen absolute rechten zijn en het luce clarius is dat zij dit heden ten dage niet meer zijn, nu steeds meer het algemeen belang op den voorgrond wordt geplaatst;
Gehoord den Advocaat-Generaal Jhr. van Asch van Wijck namens den Procureur-Generaal in zijn conclusie, strekkende tot verwerping van het ingestelde beroep;
Overwegende dat bij het bestreden vonnis ten laste van gerequireerde is bewezen verklaard: 'dat hij in het tijdvak October-November 1948 te Tilburg als agent van de Algemene Spoorwegboekhandel belast met en uitoefenende de verkoop van boeken en geschriften in een kiosk, zijnde een voor het publiek toegankelijke localiteit welke kiosk zich bevond in de hal van het stationsgebouw der Nederlandse Spoorwegen aldaar, ter plaatse waar het publiek gelegenheid heeft zich te voorzien van bewijzen, welke recht geven op het gebruik der vervoermiddelen der Nederlandse Spoorwegen en welke hal voornoemd het publiek moest passeren teneinde via de officiële toegang de perrons van voornoemd stationsgebouw te bereiken en de verkoop van boeken en geschriften eveneens uitoefenende middels 2 wagentjes zich bevindende op het eerste perron van het station der Nederlandse Spoorwegen waar het publiek voor het in- en uitstappen der treinen moest vertoeven in voornoemde kiosk en op voornoemde wagentjes enige exemplaren van het geschrift "Adam", van welk geschrift een gelijkluidend en gelijk uitziend exemplaar aan de dagvaarding is gehecht en als in de dagvaarding geïncorporeerd moet worden beschouwd, ten verkoop voorhanden heeft gehad, terwijl de afbeeldingen voorkomende op pagina 31 en 32 in dat geschrift geschikt waren om de zinnelijkheid te prikkelen';
Overwegende dat de Rechtbank dit bewezenverklaarde niet strafbaar heeft verklaard met ontslag van rechtsvervolging van gerequireerde te dier zake, daarbij overwegende: 'dat de steller der oorspronkelijke dagvaarding kennelijk bedoeld heeft aan verdachte telastetteleggen, overtreding van artikel 15 quater der Algemene Politieverordening voor de gemeente Tilburg, voor zover ten deze van belang inhoudende, dat het verboden is op, of aan de weg of in voor het publiek toegankelijke localiteiten, winkels en leesbibliotheken daaronder begrepen, geschriften, afbeeldingen of voorwerpen, geschikt om de zinnelijkheid te prikkelen, ten verkoop voorhanden te hebben;
dat de raadsman van verdachte heeft betoogd, dat deze bepaling als in strijd met het voorschrift van artikel 7 van de Grondwet, bepalende, dat niemand voorafgaand verlof nodig heeft, om door de drukpers gedachten of gevoelens te openbaren, behoudens ieders

verantwoordelijkheid volgens de wet, onverbindend zoude zijn, omdat alleen een formele wet in de zin van artikel 124 van de Grondwet en niet een bepaling van een Gemeentelijke Verordening beperkingen kan stellen ten aanzien van de inhoud van geschriften zulks in tegenstelling tot beperkingen met betrekking tot de tijd, plaats of wijze van verspreiding ervan, die wel bij zodanige verordening kan geschieden, terwijl juist het hierbedoelde artikel 15 quater van genoemde verordening ten aanzien van de inhoud der aldaar genoemde geschriften beperkingen stelt;

dat artikel 7 der Grondwet niet in de weg staat aan wettelijke bepalingen, waarbij tegen het openbaar maken of verspreiden van gedrukte stukken of afbeeldingen van bepaalde strekking straf wordt bedreigd;

dat die wettelijke bepalingen, waarbij zulks geoorloofd is, echter, naar het oordeel der Rechtbank, gelet op de slotzinsnede van artikel 7 der Grondwet, sprekende van ieder's verantwoordelijkheid volgens de wet niet anders kunnen zijn, dan bepalingen, die na als voorstellen van wet door de Staten-Generaal te zijn aangenomen en door de Koning te zijn goedgekeurd, kracht van wet hebben verkregen en door de Koning zijn afgekondigd;

dat de Grondwet toch tegenover de in artikel 7 en vele andere artikelen voorkomende term 'wet' in vele andere artikelen kent termen als 'algemene maatregelen van bestuur', 'verordeningen', 'besluiten', en 'reglementen', die ieder hun eigen betekenis hebben en niet zijn wetten in de formele grondwettelijke zin, als omschreven in artikel 124 van de Grondwet, waar wordt vermeld, wanneer een voorstel kracht van wet heeft;

dat uit dit verschil in grondwettelijke terminologie volgt, dat wanneer in enig Grondwetartikel de term 'wet' wordt gebezigd, daaraan de beperkte betekenis van wet in formele zin moet worden gehecht, waar anders dit zorgvuldig gemaakte onderscheid weinig zin zou hebben en niet is in te zien, dat, wanneer een bepaalde term in de Grondwet wordt gebezigd, daaraan niet steeds, zo enigszins mogelijk, dezelfde betekenis moet worden gehecht;

dat, ware het anders en zoude in artikel 7 der Grondwet aan een wet in materiële zin moeten gedacht worden, zulks zeker ook het geval zoude zijn in artikel 180 der Grondwet, dat evenals artikel 7 spreekt over verantwoordelijkheid volgens de wet;

dat dit tot de onaannemelijke consequentie zoude leiden, dat een gemeentebestuur de afkondiging van Kerkelijke voorschriften zoude kunnen beletten, en daaruit (juist, lees:) reeds de onjuistheid dezer opvatting luce clarius volgt;

'dat hieruit volgt, dat artikel 15 quater der Algemene Politieverordening voor de gemeente Tilburg is onderbindend als inhoudende een verbodsbepaling, die alleen bij een wet in formele zin kan worden gegeven, zodat het bewezen verklaarde, nu dit niet bij enige andere wet of geldige verordening strafbaar is gesteld, niet strafbaar is en verdachte van alle rechtsvervolging terzake van het hem sub a. telastegelegde moet worden ontslagen;'

Overwegende dat artikel 15 quater van de Algemene Politieverordening voor de gemeente Tilburg luidt:

'Het is verboden op of aan de weg of in voor het publiek toegankelijke lokaliteiten, winkels en leesbibliotheken daaronder begrepen, geschriften, afbeeldingen of voorwerpen, geschikt of klaarblijkelijk bestemd om de zinnelijkheid te prikkelen, hetzij te verkopen, uit te lenen of te verspreiden, hetzij ten verkoop, ter uitlening of ter verspreiding voorhanden te hebben, hetzij ten toon te stellen, aan te bieden, aan te slaan of als verkrijgbaar aan te kondigen;'

Overwegende omtrent het middel van cassatie, hetwelk betwist dat die bepaling onverbindend zou zijn wegens strijd met artikel 7 der Grondwet;

dat in de voorgangers van dit artikel, van de Déclaration des Droits de l'homme et du citoyen tot en met het Grondwetsherzieningsontwerp der Negenmannen, aan de erkenning van de vrijheid voor een ieder om zijn gedachten door de drukpers te openbaren een voorbehoud was toegevoegd, waarnaar door de wet kon worden bepaald hoedanig misbruiken van die vrijheid iemand niettemin aansprakelijk maakte, en, toen het Regeringsontwerp van 1848 als voorbehoud toevoegde de daarna gehandhaafde uitdrukking 'behoudens ieders verantwoordelijkheid volgens de wet', deze niet meer werd toegelicht en in het Voorlopig Verslag der Tweede Kamer, terwijl verschillende leden meenden dat bij dit gewichtig beginsel 'niet te veel aan de wet (moest) worden overgelaten', de overige leden goedkeurden dat de bepalingen omtrent de verantwoordelijkheid zonder nadere aanduiding 'aan den gewonen wetgever overgelaten' werden;

dat dit noch daarop wijst, dat in dit Grondwetsartikel onder 'wet' de oudtijds als politie-reglementen bekend staande bepalingen zouden moeten worden begrepen, noch daarop dat het artikel in het licht der geschiedenis zijner totstandkoming ook aan lagere wetgevers zou toestaan drukpersdelicten te scheppen, zodat de eerste twee aangevoerde gronden moeten worden verworpen;

dat van de uitspraken der derde grief die, dat de grondrechten geen absolute rechten zijn, slechts bevestigt hetgeen artikel 7 zelf bepaalt, en die, dat verzwakking van deze rechten in de lijn van den tegenwoordigen tijd zou liggen, wordt gelogenstraft door de Universele Verklaring van de Rechten van den Mens die door de Vergadering van de Verenigde Naties na vaststelling in de Vergadering van 10 December 1948 geproclameerd is;

Overwegende dat overigens in artikel 7 steeds is neergelegd geacht het grondrecht van een ieder om, zonder voorafgaand verlof der overheid, gedachten en gevoelens door middel van de drukpers te uiten zo dat zij voor anderen kenbaar zijn, terwijl de burgerlijke wet en de strafwet de uiting van gedachten en gevoelens van een ongeoorloofd geachten inhoud kunnen verbieden;

dat later naast dit de geesteswereld betreffende recht tevens, als tot het met dat recht beoogde doel onmisbaar doch aan dat recht ondergeschikt, door den rechter is aangenomen het recht van een ieder om een gedrukt geschrift en het daarin gedrukte, door het te verspreiden, openlijk ten toon te stellen of door enig ander middel, in het openbaar aan het publiek bekend te maken, welk het verkeer op den openbaren weg rakend en dus een ruimtelijke sfeer bestrijkend recht evenwel wegens dien anderen aard zijn eigen beperking medebracht;

dat die rechterlijke erkenning van dit recht tot verspreiden dan ook plaats vond onverminderd de bevoegdheid van de gemeenteraden krachtens de thans in artikel 168 vervatte bepaling der Gemeentewet om de verspreiding van een gedrukt geschrift op de openbare straat, zonder haar in het algemeen te verbieden of van een voorafgaand verlof der overheid afhankelijk te stellen, te onderwerpen aan voorschriften in het belang der openbare orde, bepaaldelijk ter beveiliging van het openbaar verkeer;

dat echter, waar dergelijke bevoegdheid van den gemeenteraad ter sprake kwam, zij steeds uitdrukkelijk bepaald werd tot genoemd recht tot het verspreiden ener gedrukte uiting in kennelijke tegenstelling tot het recht tot het openbaren, het doen drukken der uiting zelf, en geregeld ervan is uitgegaan dat een gemeenteraad bij het regelen, op welken tijd, plaats of wijze de verspreiding niet kan plaats hebben zonder het belang der openbare orde binnen zich gemeente in gevaar te brengen, niet mag treden in het regelen, hoedanigen inhoud een door den druk geopenbaarde gedachteuiting niet mag hebben, immers niet mag treden in het aan den burger ontnemen van de vrijheid om die gedachte in druk te uiten, daar, overeenkomstig den aard van diens grondrecht, totdat ingrijpen de bevoegdheid door de Grondwet aan de samenwerking van Koning en Staten-Generaal in de wet is toegewezen;

dat van dezen omvang der gemeentelijke bevoegdheid ook uitgaat voormelde begrenzing, dat de beperkingen der verspreiding nooit zover mogen gaan een verspreiding van een gedrukt geschrift op de openbare straat in het algemeen te verbieden, welke begrenzing toch den gemeenteraad niet alleen het geven van een verbod tot verspreiding van *alle* gedrukte stukken ontzegt – waarnaast voor zijn bevoegdheid om verspreiding van gedrukte stukken van bepaalden inhoud te verbieden nog plaats zou zijn –, maar de ontzegging van het geven van een verbod van laatstbedoelden aard mee omvat;

dat het na langdurige toepassing van dit stelsel van rechten en beperkingen ook niet als een consequentie van de gemeentelijke bevoegdheid om de verspreiding van gedrukte stukken naar tijd, plaats of wijze te beperken, met bedoelde begrenzing – geen algeheel verbod – die haar kenmerkt, gezien kan worden, nu ook een gemeentelijke bevoegdheid aan te nemen om, hetgeen van zozeer andere orde is, het door den druk uiten van bepaalde gedachten of gevoelens zelf te verbieden, doch veeleer juist in het inachtnemen van de grens der eerstgenoemde bevoegdheid van den gemeenteraad teneinde deze niet in een bevoegdheid tot algehele verboden gelijk de laatstgenoemde te doen ontaarden, het grondrecht zich voornaamste eerbiediging heeft gevonden;

dat derhalve artikel 15 quater van voormelde Politieverordening, hetwelk zulk een algeheel verbod ten aanzien van bepaalde gedrukte stukken bevat, door de Rechtbank, wat er zij van elk der door haar aangevoerde redenen, terecht onverbindend is verklaard;

Overwegende dat requirant zich voor het tegendeel ten onrechte nog beroept op 's Hogen Raads verwerping van een in 1939 voorgestelde onverbindendverklaring van een tot handhaving der openbare orde in buitengewone omstandigheden door een burgemeester krachtens de exceptionele bevoegdheid van artikel 220 der Gemeentewet gegeven politievoorschrift, in welk geval naar het vorenstaande evenzeer verwerping zou zijn gevolgd;

dat toch in dat geval, waar dat voorschrift zich als bestanddeel invoegt in de omschrijving der in de rijksstrafrechtsregeling opgenomen overtreding tegen het openbaar gezag van artikel 443 van het Strafwetboek, het de laatstgenoemde bepaling en dus de wet is, die in dien noodtoestand van oproerige beweging, samenscholing of dergelijke de zeer tijdelijke onderbreking van de uitoefening van het grondrecht gedoogt, zodat van strijd met artikel 7 der Grondwet geen sprake is;

Overwegende dat voor cassatie geen grond wordt aanwezig bevonden;

Verwerpt het beroep.

4. Hoge Raad (burgerlijke kamer)
13 april 1962, ECLI:NL:HR:1962:34

KRUSEMAN

Een bestuursorgaan mag ten aanzien van een hem toekomende bevoegdheid met beleidsvrijheid een overeenkomst sluiten en daarin (financiële) voorwaarden opnemen, mits daartegen geen wettelijk beletsel bestaat en dit niet leidt tot misbruik van bevoegdheid of een feitelijke machtspositie voor de overheidspartij.

De Hoge Raad der Nederlanden,
In de zaak (no. 9538) van:
Mr. Gideon Ernst Kruseman, wonende te Hilversum, eiser tot cassatie van een door het Gerechtshof te Amsterdam op 7 Juni 1961 tussen partijen gewezen arrest, vertegenwoordigd door Mr. J.W. Lely, advocaat bij den Hogen Raad,
tegen
De Gemeente Amsterdam, wier zetel is gevestigd te Amsterdam, ten deze vertegenwoordigd door den Burgemeester dier Gemeente, wonende te Amsterdam, verweerster in cassatie, vertegenwoordigd door Mr. W. Blackstone, mede advocaat bij den Hogen Raad;

Gehoord partijen;
Gehoord den Advocaat-Generaal van Oosten, namens den Procureur-Generaal, in zijn conclusie strekkende tot vernietiging van de aangevallen uitspraak en bekrachtiging van het daarbij vernietigde vonnis van de Arrondissements-Rechtbank te Amsterdam met veroordeling van verweerster in de kosten van het geding, welke in alle instantiën aan de zijde van eiser zijn gevallen;
Gezien de stukken;

Overwegende dat uit het bestreden arrest blijkt:
dat eiser, nader te noemen Kruseman, verweerster, nader te noemen de Gemeente, heeft gedaagd voor de Arrondissements-Rechtbank te Amsterdam en, voor zover thans nog van belang, heeft gesteld:
dat Kruseman in 1956 het perceel van de Veldestraat nr. 9 te Amsterdam, dat hij als woonhuis en als advocaat en procureur, als kantoor in gebruik had, heeft verkocht aan de General Accident Fire & Life Assurance Corp, Ltd. waarbij in het voorlopig koopcontract als opschortende voorwaarde werd opgenomen dat koopster gerechtigd zou zijn om parterre en eerste etage voor haar bedrijf te gebruiken, terwijl de tweede etage zou worden verbouwd en ingericht als conciërgewoning;
dat Kruseman zich teneinde de vervulling van deze voorwaarde mogelijk te maken heeft gewend tot het College van Burgemeester en Wethouders en na besprekingen en correspondentie tenslotte op 26 November 1956 een brief heeft ontvangen van den Wethouder voor de Volkshuisvesting van den navolgenden inhoud: 'Naar aanleiding van Uw schrijven d.d. 21 November 1956 inzake het onttrekken van woonruimte aan haar bestemming in het perceel van de Veldestraat 9 deel ik U mede dat deze aangelegenheid nader is behandeld in de vergadering van Burgemeester en Wethouders van 23 November 1956. Burgemeester en Wethouders hebben besloten deze woningonttrekking onder handhaving overigens van het gestelde in de brief aan U van 7 November 1956 no. 720/653 V.H.1956, toe te staan, mits daarvoor een compensatie wordt gegeven tot een bedrag van ƒ 17.440,-. Dit bedrag is berekend volgens het beginsel dat de ruimte welke U als kantoor gebruikt niettemin mede als woonruimte dient te worden aangemerkt';
dat Kruseman uitgaande van de veronderstelling dat Burgemeester en Wethouders, aldus beslissende, binnen de grenzen hunner publiekrechtelijke bevoegdheden bleven, en in het besef dat bij weigering tot betaling van het gevraagde bedrag ad ƒ 17.440,- het perceel – als woonhuis – practisch onverkoopbaar was, zich genoodzaakt achtte om voor dezen druk te wijken, weshalve hij dit bedrag door notaris A.O. Graaf, voor wien het transport moest plaats vinden, deed storten in de gemeentekas;
dat Kruseman nadien echter heeft vernomen dat de Gemeente zich in een proces over een parallel geval op het standpunt heeft gesteld, dat Burgemeester en Wethouders bij het treffen van dergelijke financiële regelingen geen publiekrechtelijke bevoegdheid uitoefenen, doch dat de rechtsgrond daarvan is te vinden in een privaatrechtelijke overeenkomst met den betrokkene, waarvan de oorzaak zou gelegen zijn in 'de als tegenprestatie te beschouwen verplichting der Gemeente om met de aan haar betaalde gelden de (compenserende) woonruimte te scheppen, die volgens de oorspronkelijke opzet de belanghebbende bij de onttrekking van woonruimte te leveren had';
dat echter Kruseman niet anders heeft gedaan, dan het vragen van een vergunning tot onttrekking van woonruimte, welke vergunning hem werd verleend onder voorwaarde, zoals blijkt uit het hierboven weergegeven schrijven van 26 November 1956;
dat van een overeenkomst tussen partijen, voor welker bestaanbaarheid immers tweezijdigheid een primaire vereiste is, geen sprake is geweest en dat het bedrag van ƒ 17.440,- dus onverschuldigd is betaald, nu het besluit van Burgemeester en Wethouders, waaraan Kruseman voldeed, als missende iederen civielrechtelijken grondslag, als een daad van willekeur is aan te merken;
dat Kruseman op bovenstaande gronden de veroordeling van de Gemeente tot de terugbetaling van het hierbovengenoemde bedrag heeft gevorderd;

dat de Rechtbank bij vonnis van 12 April 1956 deze vordering heeft toegewezen, waarbij de Rechtbank heeft overwogen: Waar de Gemeente zich beroept op de totstandkoming van een – niet in het publiekrecht geregelde – tweezijdige rechtshandeling, welke verbintenissen tussen partijen in het leven zou hebben geroepen en daarop ook gericht geweest zou zijn, komt het verweer van de Gemeente daarop neer, dat zij zich op een tussen partijen gesloten privaatrechtelijke overeenkomst beroept.

De Vraag rijst dan, of een overeenkomst als door de Gemeente gesteld rechtsgeldig zou zijn. Daartoe dient allereerst te worden onderzocht, wat de inhoud van die overeenkomst zou zijn. Volgens de hierboven weergegeven tekst van de brief van de Wethouder van Volkshuisvesting van 26 November 1956, no. 720/653, zou de Gemeente bij deze overeenkomst tegenover de betaling door Kruseman van het compensatiebedrag van ƒ 17.440,- zich verbonden hebben om 'het onttrekken van woonruimte aan haar bestemming in het perceel Van de Veldestraat 9 ..., toe te staan'. Een dergelijke overeenkomst zou echter reeds hierom geldigheid missen, omdat Burgemeester en Wethouders noch aan de Woonruimtewet 1947 noch aan enige andere wettelijke bepaling de bevoegdheid konden ontlenen de onttrekking van woonruimte aan haar bestemming toe te staan.

Op grond van hetgeen de Gemeente dienaangaande bij pleidooi heeft doen aanvoeren zal de Rechtbank echter aannemen, dat de Gemeente, anders dan de tekst van voormelde brief zou doen vermoeden, slechts bedoeld heeft zich jegens Kruseman te verbinden tot het verlenen van medewerking aan het afgeven door de Kamer van Koophandel en Fabrieken van een verklaring als bedoeld in artikel 1, zesde lid, van de Woonruimtewet, inhoudende: dat de onderhavige ruimte als bedrijfsruimte benodigd was. Deze medewerking zou dan worden verleend in het kader van het overleg tussen de Gemeente en de Kamer van Koophandel en Fabrieken, hetwelk aan de afgifte van dergelijke verklaringen vooraf dient te gaan ingevolge het rondschrijven van de Minister van Binnenlandse Zaken van 27 November 1947, no. 57512, en de hierin genoemde Instructies van de Minister van Economische Zaken voor de Kamers voor Koophandel en Fabrieken.

Bij het verdere onderzoek naar de rechtsgeldigheid van de door de Gemeente gestelde overeenkomst rijst vervolgens de principiële vraag, of in het algemeen rechtsgeldig zijn te achten privaatrechtelijke overeenkomsten, waarbij de overheid zich tegenover een burger verbindt bij de uitvoering van een wettelijke regeling van haar publiekrechtelijke bevoegdheden op een bepaalde, door deze burger gevraagde wijze gebruik te maken.

Naar het oordeel der Rechtbank moet het antwoord op deze vraag in ieder geval ontkennend luiden voorzover het overeenkomsten betreft, waarbij de overheid bij de uitvoering van een wettelijke regeling tegenover de van haar gevraagde publiekrechtelijke medewerking een wederprestatie bedingt, welke zij in het raam van die wettelijke regeling niet als voorwaarde voor haar medewerking had kunnen stellen. Immers, ingevolge het publiekrecht rust op de overheid de plicht om bij uitvoering van wettelijke regelingen te blijven binnen het kader daarvan en komt haar daarbij ook slechts in zoverre bevoegdheid toe. Niet kan worden aangenomen, dat de overheid daaraan door middel van overeenkomsten rechtsgeldig zou kunnen afdoen.

Het onderhavige geschil spitst zich derhalve toe op de navolgende vraag, welke zowel voor het door de Gemeente gevoerde verweer – te weten: het gedane beroep op een privaatrechtelijke overeenkomst – alsook voor de beoordeling van de grondslag van Kruseman's vordering – te weten het door de gemeente eenzijdig stellen van een niet op het publiekrecht berustende voorwaarde – beslissend is te achten: Waren Burgemeester en Wethouders publiekrechtelijk bevoegd het verlenen van hun medewerking aan de afgifte door de Kamer van Koophandel en Fabrieken van een verklaring als bedoeld in artikel 1, zesde lid, van de Woonruimtewet, afhankelijk te stellen van de betaling van een 'compensatie'-bedrag als ten deze is geschied?

Bij de beantwoording van deze vraag dient voorop te worden gesteld, dat noch de Woonruimtewet, noch de omtrent de toepassing van artikel 1 dier Wet ingevolge artikel 3 door de Minister van Binnenlandse Zaken – op 25 Juni 1956 – gegeven nadere voorschriften of ingevolge artikel 4 door de Gemeenteraad van Amsterdam – bij verordening van 17 December 1947 – vastgestelde regelen, noch ook enige andere Wet of verordening, aan Burgemeester en Wethouders met zoveel woorden de bevoegdheid verleent tot het stellen van voorwaarden – laat staan voorwaarden betreffende betaling van 'compensatie' – bedragen – voor het verlenen van medewerking als ten deze door Kruseman werd gevraagd.

De Rechtbank merkt in dit verband nog op, dat tot de invoering van de Woonruimtewet op 1 October 1947 (nog) gold de beschikking van de Secretaris Generaal van het Departement van Binnenlandse zaken van 13 Juli 1940, S.301, waarbij uitvoering werd gegeven aan artikel 33, eerste lid, van de Woningwet. Krachtens deze beschikking was het in alle gemeenten verboden om zonder toestemming van Burgemeester en Wethouders een woning geheel of ten dele te onttrekken of onttrokken te houden aan haar bestemming. Ingevolge het tweede lid van artikel 33 der Woningwet konden Burgemeester en Wethouders toen aan die 'toestemming voorwaarden verbinden in het belang van de voorziening in de behoefte aan woongelegenheid', overigens voor de betrokkene met mogelijkheid van beroep op de Minister van Binnenlandse Zaken. Bij de invoering van de Woonruimtewet 1947 is echter ingevolge artikel 33, derde lid sub a dier Wet gemelde beschikking komen te vervallen en sedert dien is aan artikel 33, eerste lid, der Woningwet geen uitvoering meer gegeven, zodat het tweede lid van laatstgemeld artikel geen toepassing meer kan vinden.

Thans dient echter nog te worden onderzocht of het ontbreken van een wettelijke bepaling, waarbij de bevoegdheid hiertoe uitdrukkelijk gegeven wordt Burgemeester en Wethouders verhindert rechtsgeldig voorwaarden, althans voorwaarden als bovenbedoeld, te verbinden aan het verlenen van medewerking aan de afgifte door de Kamer van Koophandel en Fabrieken van een verklaring als bedoeld in artikel 1, zesde lid, van de Woonruimtewet.

Voor de beantwoording van deze vraag acht de Rechtbank allereerst van belang, dat, naar met name is af te leiden uit het reeds gemelde artikel 4, het systeem van de Woonruimtewet met zich mede brengt, dat de toepassing van artikel 1 dier Wet behoort te geschieden volgens openbaar gemaakte regelen, welke hetzij in door de Minister van Binnenlandse Zaken ingevolge artikel 3 gegeven voorschriften hetzij in een door de Gemeenteraad ingevolge artikel 4 vastgestelde verordening zijn vervat. Hieruit vloeit voort, dat Burgemeester en Wethouders bij de toepassing van artikel 1 reeds in het algemeen geen voorwaarden kunnen stellen, welke - zoals de onderhavige - niet op regelen als vorenbedoeld berusten.

In het onderhavige geval was echter het stellen van een dergelijke, niet op enige uitvoeringsregeling berustende voorwaarde, bovendien ook hierom niet op de Wet gegrond, omdat de vraag waarom het hier ging - namelijk of aan Kruseman een verklaring ingevolge artikel 1, zesde lid, zou worden afgegeven - geenszins ter vrije en zelfstandige beslissing van Burgemeester en Wethouders stond (zoals wèl het geval geweest zou zijn indien aan de orde zou zijn geweest het al dan niet verlenen van een vergunning ingevolge artikel 1 eerste lid), doch integendeel blijkens voormeld zesde lid behoorde te worden beslist door of vanwege de Minister van Economische Zaken. Deze Minister, die blijkens beschikking van 2 December 1947 no.74742 zijn bevoegdheid tot het afgeven van verklaringen ingevolge artikel 1 zesde lid aan de Kamers van Koophandel en Fabrieken heeft gedelegeerd, heeft weliswaar in de hierboven reeds genoemde Instructies aan die Kamers opgedragen om telkens met Burgemeester en Wethouders overleg te plegen omtrent het afgeven van verklaringen als voormeld, doch overigens in alinea 3 dier Instructies bepaald: 'Ingeval het overleg niet tot een resultaat heeft geleid, behoort de Kamer daarvan mededeling te doen aan de Minister van Economische Zaken, die in dat geval beslist, of de verklaring al dan niet behoort te worden afgegeven en de Kamer dienovereenkomstig instrueert ...'

Het stellen van een voorwaarde als de onderhavige was naar het oordeel der Rechtbank te minder toelaatbaar, nu daarbij betaling werd geëist van een 'compensatie'-bedrag, hetwelk - naar de Gemeente onweersproken heeft gesteld - te zijner tijd zou worden aangewend tot creëren van vervangende woonruimte door het bouwen van nieuwe woningen. Immers, het eisen van een voor dergelijke doeleinden te gebruiken 'compensatie'-bedrag kan bezwaarlijk geacht worden te vallen binnen het kader van de Woorruimtewet, welke blijkens de consideransslechts strekt ter bevordering van een doelmatige verdeling van de woongelegenheid en welke geen met het scheppen van nieuwe woonruimte verband houdende bepalingen bevat, en trouwens al evenmin binnen het kader van het voorgeschreven overleg tussen de Kamers van Koophandel en Fabrieken en Burgemeester en Wethouders, hetwelk immers blijkens het hierboven gemelde rondschrijven van de Minister van Binnenlandse Zaken moet dienen 'teneinde de vrijkomende ruimte naar billijke maatstaven volgens het huisvestings- en economisch belang te verdelen'.

Het vorenstaande leidt tot de tweeledige slotsom, dat enerzijds in verband met het in artikel 14 van de Wet houdende Algemene Bepalingen en wegens het ontbreken van een geoorloofde oorzaak geen rechtsgeldige overeenkomst tussen partijen tot stand kan zijn gekomen, en anderzijds Burgemeester en Wethouders evenmin ingevolge het publiekrecht bevoegd waren om eenzijdig betaling van het 'compensatie'-bedrag van ƒ 17.4401,- als voorwaarde te stellen voor het verlenen van voormelde medewerking. Waar derhalve het bedrag van ƒ 17.440,- in ieder geval door Kruseman onverschuldigd werd betaald, behoort Kruseman's vordering tot terugbetaling van dit bedrag te worden toegewezen;

dat de Gemeente van dit vonnis in hoger beroep is gekomen bij het Gerechtshof, waarna het Gerechtshof het bestreden vonnis heeft vernietigd en aan Kruseman zijn vordering alsnog heeft ontzegd, waarbij het Hof heeft overwogen:

dat de Gemeente hier twee grieven tegen heeft aangevoerd, en wel:

1. de Rechtbank heeft de aard van de tussen partijen getroffen regeling miskend door de betaling door Kruseman te beschouwen als een wederprestatie, welke de Gemeente in het kader van de wettelijke regeling niet als voorwaarde voor haar medewerking had kunnen stellen;

2. al zou het verschaffen van vervangende woonruimte of de betaling van een 'compensatie'-bedrag wel als

een voorwaarde (in de juridische zin) voor de medewerking van Burgemeester en Wethouders mogen worden beschouwd, dan zou toch het stellen van die voorwaarde volkomen binnen de bevoegdheid van Burgemeester en Wethouders liggen:
met betrekking tot de eerste grief van de Gemeente dat Kruseman in zijn conclusie van eis uitdrukkelijk heeft gesteld dat ten deze 'van een overeenkomst geen enkele sprake was' en dat er 'dus geen sprake kan zijn van een overeenkomst tussen partijen, voor welker bestaanbaarheid immers tweezijdigheid een primair vereiste is';
dat de Gemeente heeft aangevoerd dat Kruseman tot een regeling is toegetreden welke aan de zijde van Burgemeester en Wethouders ten doel had de nadelige gevolgen van de omzetting van woonruimte in bedrijfsruimte ongedaan te maken, terwijl aan de zijde van Kruseman het belang bestond, door toetreden tot de regeling deze omzetting mogelijk te maken, bij welke regeling dus geen sprake is van afwezigheid van tweezijdigheid;
dat dit verweer heeft geleid tot de beslissing der Rechtbank dat de Gemeente zich dus op een tussen partijen gesloten privaatrechtelijke overeenkomst beroept, welke overeenkomst de Rechtbank vervolgens aan onderzoek onderwerpt;
dat dit uitgangspunt van de Rechtbank evenwel onjuist is daar het verweer van de Gemeente die zich op een regeling met een tweezijdig karakter beriep, niet betekent dat de Gemeente een aangegane overeenkomst aan Kruseman voorhield waarbij de wederzijdse prestaties tegenover elkaar stonden en van elkaar waren afhankelijk;
dat de grief dus in zoverre gegrond is en dit ertoe leidt de regeling waarop de Gemeente zich beroept, aan een nader onderzoek te onderwerpen;
dat uit de wederzijdse beweringen en de overgelegde briefwisseling blijkt dat de toedracht van de zaak aldus is geweest dat Kruseman die het vermelde perceel – hetwelk anders dan hij aanvankelijk meende, geheel als woonruimte werd aangemerkt – aan een verzekeringsmaatschappij wenste te verkopen, heeft gestreefd naar het verkrijgen van een verklaring als bedoeld in artikel 1 onder 6 Woonruimtewet 1947, en zich daartoe heeft gewend tot het Centraal Bureau voor Huisvesting, waar Kruseman (blijkens zijn schrijven van 11 October 1956) door de directeur uitvoerig is ingelicht;
dat de Gemeente aan Kruseman heeft medegedeeld dat harerzijds bezwaren ertegen bestonden dat het perceel aan de woonruimte in de gemeente werd onttrokken; in haar schrijven van 22 October 1956 deelde het C.B.H. onder meer mede dat het perceel als woonruimte diende te worden aangemerkt en na het verlaten door de 'huidige gebruiker' (Kruseman) als zodanig voor een nieuwe toewijzing beschikbaar moest worden gesteld;
dat er vervolgens overleg tussen partijen is geweest of Kruseman door 'compensatie' de bezwaren van de Gemeente kon wegnemen, met als uiteindelijk resultaat dat het C.B.H. bij brief van 15 November 1956 aan Kruseman berichtte dat ter 'compensatie van de te onttrekken woonruimte op de begane grond en de eerste verdieping' een bedrag bij de gemeente-ontvanger kon worden gestort, welk bedrag volgens de dd. 11 Maart 1955 door: Burgemeester en Wethouders dienaangaande vastgestelde regeling op ƒ 17.440,- zou moeten worden bepaald; tegen de berekening van dit bedrag heeft Kruseman bij schrijven van 21 November 1956 aan Burgemeester en Wethouders bezwaren ingebracht hierop steunende dat de parterre reeds als kantoor werd gebruikt, doch in het antwoord daarop van 26 November 1956 handhaafden B.en W. het bedrag onder vermelding dat het was bekend volgens het beginsel dat de ruimte door Kruseman als kantoor gebruikt, niettemin mede als woonruimte diende te worden aangemerkt;
dat Kruseman het vermelde bedrag op 1 December 1956 in de gemeentekas heeft doen storten en het perceel daarna aan de koper – de verzekeringsmaatschappij – is getransporteerd, die krachtens een haar door de Kamer van Koophandel afgegeven verklaring d.d. 22 December 1956, als bedoeld In artikel 1 onder 6 Woonruimtewet 1947 de begane grond en de eerste verdieping als bedrijfsruimte en wel als kantoorruimte in gebruik heeft genomen;
dat Kruseman dit bedrag thans terugvordert op grond dat hij het onverschuldigd heeft betaald, immers daarop zijn vordering blijkens mededeling bij zijn pleidooi voor de Rechtbank in de eerste plaats doet steunen;
dat Kruseman de mening ingang heeft willen doen vinden dat hij de zin van hetgeen zich tussen partijen afspeelde, niet heeft doorzien, in zijn conclusie van repliek in de eerste instantie o.m. aanvoerende dat de Gemeente zich in het duister hult door slechts over 'de regeling' te spreken, en ten tijde van de betaling en ook nog lang daarna zelfs geen vermoeden heeft gehad dat de Gemeente dergelijke gelden voor enig ander doel zou bestemmen dan voor de versterking van haar zwakke kaspositie, en dat uit de brieven en besprekingen slechts kon worden afgeleid dat de Gemeente eenzijdig bepaalde voorwaarden of eisen stelde;
dat Kruseman aldus evenwel in strijd komt met de inhoud van zijn eigen brieven; in zijn brief aan het C.B.H. van 8 November 1956 schrijft hij immers: 'in de normale gevallen waarin vergunning voor onttrekking van woonruimte wordt verleend, wordt ofwel de eis gesteld van een financiële compensatie ofwel ter beschikking stellen van een gelijkwaardige woning. In mijn geval zijn deze voorwaarden in feite gecom-

bineerd, nu het doel van de laatstbedoelde regeling wordt bereikt doordat een gezin van tenminste 4 personen, voorkomende op de urgentielijst, een woning krijgt. Op al deze gronden komt het mij voor dat een compensatie, berekend over de eerste etage en de parterre niet redelijk ware, althans dat de gebruikelijke maatstaven in dit bijzondere geval moeilijk als toepasselijk kunnen worden beschouwd'; in zijn brief aan B. & W. van 21 November 1956 schrijft Kruseman o.m.: 'onder die omstandigheden lijkt het mij niet redelijk dat, nu de compensatie aan de orde is, voor de *beide* verdiepingen wordt uitgegaan van richtlijnen die betrekking hebben op het onttrekken van ruimten, die inderdaad voordien als woonruimten in eigenlijke zin waren aan te merken', en: 'Daarnaast moge ik er op wijzen dat voorzover mij bekend, de bovenbedoelde richtlijnen inzake een financiële compensatie werden gehanteerd naast die welke betrekking hadden op compensatie in de vorm van woonruimte, die ter beschikking van de Gemeente wordt gesteld';

dat uit deze brieven blijkt dat Kruseman, die ook erkent – in zijn brief van 11 October 1956 – door de directeur van het C.B.H. uitvoerig te zijn ingelicht en daartoe ook door de ambtenaar Van der Kamp te zijn ontvangen, slechts over de berekening van het door hem te betalen bedrag disputeerde – ten onrechte menende, dat de door hem als kantoor gebruikte parterre reeds bedrijfsruimte was –, doch de aard van de getroffen regeling en de bedoeling en bestemming van de gedane betaling heeft begrepen; deze regeling hield in dat Kruseman een bedrag ter beschikking van de Gemeente stelde teneinde vervangende woonruimte te scheppen, – vervangende woonruimte welke door het afgeven van een verklaring als bedoeld in artikel 1 onder 6 Woonruimtewet 1947 aan de in de gemeente beschikbare woonruimte werd onttrokken;

dat door de Gemeente is aangevoerd dat het door Kruseman betaalde bedrag is gestort in een Fonds voor Woningonttrekking, ingesteld voor het financieren van bouwprojecten, en dat uit dit fonds de benodigde middelen zijn verkregen voor de dekking van het exploitatietekort van de bouw van atelierwoningen aan de Rapenburgerstraat te Amsterdam;

dat dit onvoldoende is betwist en dus als vaststaande mag worden aangenomen, waaruit dan tevens blijkt dat het door Kruseman betaalde bedrag is aangewend overeenkomstig zijn bedoeling en de bestemming, welke hij eraan heeft gegeven, – immers of de nieuwe woonruimte de onttrokken woonruimte 'verving' een vraag van beleid is waarvan de beoordeling binnen de grenzen van redelijkheid aan Burgemeester en Wethouders moet worden overgelaten; ware dit laatste anders dan zou de vraag in de gegeven omstandigheden bevestigend moeten worden beantwoord; de uiteenzettingen van partijen geven voor een andere beslissing geen reden;

dat blijkens het vorenstaande Kruseman het meervermelde bedrag heeft betaald teneinde de woonruimte in de gemeente aan te vullen en aldus de aan de zijde van de Gemeente bestaande bezwaren tegen het afgeven van de meerbedoelde verklaring weg te nemen, – bezwaren welke bij het overleg van de Kamer van Koophandel met B. en W., aan de Kamer voorgeschreven bij de haar door de Minister van Economische Zaken gegeven Instructies, tot weigering van de verklaring hadden kunnen leiden – en Kruseman heeft betaald, kennelijk menende daarmede zijn belang te dienen;

dat het betaalde bedrag overeenkomstig de bedoeling van Kruseman en de eraan gegeven bestemming, is aangewend;

dat de door Kruseman begeerde verklaring bedoeld in artikel 1 onder 6 Woonruimtewet 1947 voor de begane grond en de eerste verdieping van het perceel aan de koper is afgegeven;

dat Kruseman onder vorenvermelde omstandigheden het bedrag dan niet later als onverschuldigd betaald kan terugvorderen, en in zoverre dus niet in zijn vordering kan slagen;

Overwegende dat Kruseman als middel van cassatie heeft voorgedragen:

'Schending en of verkeerde toepassing van de artikelen 1269, 1270, 1271, 1275, 1289, 1290, 1291, 1292, 1293, 1294, 1296, 1297, 1299, 1300, 1301, 1302, 1303, 1349, 1350, 1356, 1357, 1358, 1366, 1368, 1369, 1371, 1372, 1373, 1374, 1375, 1378, 1379, 1380, 1381, 1382, 1384, 1385, 1386, 1388, 1389, 1395, 1396, 1397, 1398, 1399, 1401, 1402, 1403, 1418, 1421, 1422, 1485, 1487, 1488, 1489, 1490, 1492, 1703, 1704, 1705, 1706, 1707, 1713, 1719, 1720, 1723, 1724, 1725, 1726, 1727, 1728, 1729, 1730, 1902, 1903, 1904, 1910, 1911 1912, 1913, 1917, 1918, 1920, 1925, 1929, 1930, 1931 van het Burgerlijk Wetboek, 1, 3, 4, 7, 8, 9, 33 Woonruimtewet 1947, 1 en 2 van de Beschikking van de Minister van Economische Zaken van 2 December 1947 no. 74742 J.Z. Afdeling Juridische zaken, ter uitvoering van artikel 1, lid 6,van de Woonruimtewet 1947 (N.S. 1947 nr.238), 1, 2, 3 en 4 van het Besluit van de Minister van Maatschappelijk Werk van 25 Juni 1957 no. 24361, Afdeling Gezinsvoorzieningen (Verdeling Woonruimte), betreffende verdeling en vordering van woonruimte (N.S.1957 no. 122), 1, 2, 3 en 4 van de verordening van de gemeente Amsterdam, houdende regelen, als bedoeld in artikel 4 onder 1 van de Woonruimtewet 1947 d.d. 17 December 1947 (Gemeenteblad Amsterdam Afdeling 3 volgn. 18, verschenen 10 Maart 1948), 149 151, 152, 153, 156, 157, 168, 169, 209, 228, 269 270, 271, 273, 274, 275, 276, 277, 290, 291, 292, 293 van de Gemeentewet, 33 van de Woningwet, 48, 59, 103, 199, 200, 200A, 343, 345, 347, 348, 349, 353 van het Wetboek van Burgerlijke Rechtsvordering,

20 en 69 van de Wet op de Zamenstelling der Regterlijke Magt en het Beleid der Justitie, 11, 12, 14 van de Wet houdende Algemene bepalingen der Wetgeving van het Koninkrijk 151, 153, 154, 155, 156, 157 en 175 van de Grondwet;
door te overwegen en op grond daarvan recht te doen, gelijk in voormeld arrest is omschreven,
ten onrechte,
omdat het Hof na (onder meer) te hebben vastgesteld dat het C.B.H bij 15 November 1956 aan Kruseman berichtte dat ter "compensatie van de te onttrekken woonruimte op de begane grond en de eerste verdieping" een bedrag bij de gemeenteontvanger kon worden gestort, welk bedrag volgens de d.d. 11 Maart 1955 door Burgemeester en Wethouders dienaangaande vastgestelde regeling op ƒ 17.440,- zou moeten worden bepaald, en na voorts te hebben vastgesteld dat de getroffen regeling inhield dat Kruseman een bedrag ter beschikking van de gemeente stelde teneinde vervangende woonruimte te scheppen, vervangende woonruimte welke door het afgeven van een verklaring als bedoeld in artikel 1 onder 6 Woonruimtewet 1947 aan de in de gemeente beschikbare ruimte werd onttrokken, vervolgens heeft geoordeeld dat onder de in het arrest omschreven omstandigheden – zijnde deze: dat Kruseman het meervermelde bedrag heeft betaald teneinde de woonruimte in de gemeente aan te vullen en de bij de Gemeente bestaande bezwaren tegen het afgeven van de meerbedoelde verklaring weg te nemen – bezwaren welke bij het overleg van de Kamer van Koophandel met B. en W., aan de Kamer voorgeschreven bij de haar door de Minister van Economische Zaken gegeven instructies, tot weigering van de verklaring hadden kunnen leiden – en Kruseman heeft betaald, kennelijk menende daarmede zijn belang te dienen, voorts dat het betaalde bedrag overeenkomstig de bedoeling van Kruseman en de eraan gegeven bestemming is aangewend en voorts dat de door Kruseman begeerde verklaring bedoeld in artikel 1 onder 6 Woonruimtewet 1947 voor de begane grond en de eerste verdieping van het perceel aan de koper is afgegeven – Kruseman het bedrag ad ƒ 17.440,- niet langer als onverschuldigd betaald kan terugvorderen,
a. aangezien het Hof dusdoende niet heeft geoordeeld en beslist aangaande de stelling van Kruseman dat het besluit van Burgemeester en Wethouders van Amsterdam ter voldoening van hetwelk het bedrag ad ƒ 17 440,- is betaald elke civielrechtelijke grondslag mist en evenmin steunt op een publiekrechtelijke bevoegdheid van Burgemeester en Wethouders voormeld, welke stelling door Kruseman mede aan de door hem ingestelde vordering is ten grondslag gelegd,
terwijl de Rechtbank deze stelling bij haar vonnis in eerste aanleg, uitgesproken op 12 April 1960, juist bevond, immers oordeelde dat "Burgemeester en Wethouders evenmin ingevolge het publiekrecht bevoegd waren om eenzijdig betaling van het 'compensatie'-bedrag van ƒ 17.440,- als voorwaarde te stellen",
terwijl Kruseman voorts ook in hoger beroep heeft gehandhaafd en nader aangedrongen zijn stelling aangaande de onbevoegdheid van Burgemeester en Wethouders en de onwettigheid van de door hen gestelde eis, zulks in aansluiting aan de door de Rechtbank terzake gegeven beslissing,
kunnende de door het Hof vermelde omstandigheden – welke in het kort hierop neerkomen, dat Kruseman heeft betaald kennelijk menende daarmede zijn belang te dienen, en dat het bedrag overeenkomstig Kruseman's bedoeling is aangewend en dat de door Kruseman begeerde verklaring is afgegeven – op zich zelf niet genoegzaam zijn om de ingestelde vordering uit onverschuldigde betaling af te wijzen terwijl deze omstandigheden voorts geen enkel inzicht geven omtrent de vraag, of en zo ja op grond waarvan Burgemeester en Wethouders terzake bevoegd waren daar, ook al hebben voormelde omstandigheden zich voorgedaan, zulks geenszins met zich brengt dat nu ook Burgemeester en Wethouders bevoegd zouden zijn en aan Kruseman geen vordering uit onverschuldigde betaling zou toekomen,
zijnde aldus de beslissing van het Hof niet, althans niet voldoende, naar de eis der wet met redenen omkleed;
b. aangezien Burgemeester en Wethouders niet bevoegd waren om een regeling als voormeld te treffen (zijnde deze regeling, naar het Hof heeft aangenomen en vastgesteld, geen privaatrechtelijke overeenkomst), krachtens welke regeling – kort gezegd – Burgemeester en Wethouders geen bezwaren zouden maken tegen het afgeven aan Kruseman van een verklaring als bedoeld in artikel 1 onder 6 Woonruimtewet 1947, mits Kruseman een door Burgemeester en Wethouders vastgesteld bedrag zou voldoen,
terwijl de bevoegdheid welke Burgemeester en Wethouders ontlenen aan artikel 1 der Woonruimtewet 1947 ter bevordering van een doelmatige verdeling van de woongelegenheid over de bevolking, vergunning voor het in gebruik nemen van woongelegenheid te verlenen of te weigeren, welke bevoegdheid evenwel niet inhoudt of met zich brengt dat Burgemeester en Wethouders ook een (publiekrechtelijke) regeling van de aard en omvang als door het Hof vastgesteld, zouden vermogen tot stand te brengen nopens het scheppen van vervangende woonruimte,
terwijl Burgemeester en Wethouders hiertoe ook geenszins enig recht of enige bevoegdheid kunnen ontlenen aan de omstandigheid, dat in de gevallen, nader omschreven bij instructies voor de Kamers van Koophandel inzake het vanwege de Minister van Economische Zaken afgeven van verklaringen als bedoeld in artikel 1, lid 6 der Woonruimtewet 1947 en bij rondschrijven van de Minister van Economische Zaken van

21 April 1948 no. 15031 M.S.A. aan de Kamers van Koophandel, door de Kamer van Koophandel en Fabrieken overleg moet worden gepleegd met Burgemeester en Wethouders alvorens een verklaring als bedoeld in artikel 1 lid 6 der Woonruimtewet 1947, af te geven; zijnde Burgemeester en Wethouders voorts ook reeds in zoverre niet bevoegd tot het treffen van voormelde regeling krachtens welke door Kruseman een door Burgemeester en Wethouders vastgesteld bedrag was te betalen, dat het heffen van gelden van gemeentewege slechts rechtsgeldig kan plaats vinden krachtens wet of verordening of althans krachtens een rechtsgeldig goedgekeurd Besluit van de raad der Gemeente, hoedanige wettelijke maatregel of hoedanig besluit ten deze niet valt aan te wijzen,

en meeromschreven regeling bij onbevoegdheid van Burgemeester en Wethouders, als vermeld, rechtskracht ontbeert en het op grond van deze regeling betaalde bedrag is onverschuldigd voldaan en deswege kan worden teruggevorderd,'

aangaande het middel:

Overwegende dat blijkens het bestreden arrest de zaak aldus ligt, dat Kruseman het thans door hem teruggevorderde bedrag aan de Gemeente heeft betaald ter voldoening aan de voorwaarde, welke Burgemeester en Wethouders hadden gesteld voor hun medewerking ter verkrijging door Kruseman van een verklaring als bedoeld in artikel 1, lid 6, van de Woonruimtewet met betrekking tot een tevoren door Kruseman bewoond pand dat deze had verkocht aan een verzekeringsmaatschappij welke dit althans gedeeltelijk voor bedrijfsdoeleinden wilde gaan gebruiken en harerzijds de verkrijging van bedoelde verklaring als voorwaarde voor den koop had gesteld;

dat Kruseman voor de verkrijging van bedoelde verklaring, welke krachtens delegatie van den Minister van Economische Zaken moest worden afgegeven door de Kamer van Koophandel, de medewerking van de Gemeente wenste omdat die Kamer in gevallen als de onderhavige, op grond van de haar door den Minister gegeven instructie, een dergelijke verklaring slechts na overleg met Burgemeester en Wethouders mag verstrekken en, indien dat overleg niet tot een resultaat leidt, de beslissing daaromtrent moeten overlaten aan den Minister;

dat het bedrag dat Kruseman betaalde teneinde in het onderhavige geval de bezwaren van Burgemeester en Wethouders tegen het afgeven van die verklaring weg te nemen, is gestort in een Fonds voor Woningonttrekking, ingesteld voor het financieren door de Gemeente van bouwprojecten voor den woningbouw en dit bedrag naar 's Hofs vaststelling aldus heeft gediend teneinde de vervanging van de onttrokken woonruimte in de Gemeente door andere mogelijk te maken;

Overwegende dat wie ter bereiking van een door hem gewenst en geoorloofd resultaat de medewerking nodig heeft van een ander en ter verkrijging van die medewerking aan dien ander enig door dezen voor zijn medewerking bedongen goed geeft, niet zonder rechtsgrond presteert en, na het gewenste resultaat te hebben verkregen, het gepresteerde niet als onverschuldigd betaald terug kan vorderen, tenzij aan hetgeen aldus geschiedt een geoorloofde oorzaak ontbreekt, bij voorbeeld wanneer de partij die voor haar medewerking dat goed bedong misbruik maakte van de omstandigheden waarin haar wederpartij verkeerde;

Overwegende dat in beginsel hetzelfde geldt voor wie ter verkrijging van de medewerking van de overheid tot enige handeling waartoe deze wettelijk niet verplicht is, een door de overheid daarvoor verlangde prestatie verricht, tenzij tegen het bedingen of het in ontvangst nemen van die prestatie enig wettelijk beletsel bestaat, dan wel de overheid aldus handelende misbruik maakte van de bevoegdheden of de feitelijke machtspositie welke die medewerking voor haar wederpartij noodzakelijk deden zijn en haar tot die medewerking in staat stelden;

dat het daarbij onverschillig is of de wilsovereenstemming, welke door de voldoening aan hetgeen de overheid voor haar medewerking verlangt aan den dag treedt, al dan niet kan worden gequalificeerd als een privaatrechtelijke overeenkomst;

Overwegende dat uit het bovenstaande volgt, enerzijds dat onjuist is de aan het middel zowel onder a als b ten grondslag liggende opvatting als zoude het besluit van Burgemeester en Wethouders, waarbij van Kruseman voor de door hem van dit College gewenste medewerking een betaling ten gunste van het genoemde Fonds voor Woningonttrekking werd verlangd, op een bijzondere aan dit College toekomende bevoegdheid moeten berusten, en anderzijds dat een grond voor de terugvordering van het betaalde bedrag alleen zou kunnen worden gevonden in de stelling dat het College in strijd met enig wettelijk voorschrift handelde door voor haar medewerking dit bedrag te bedingen of in ontvangst te nemen, dan wel zich hierdoor schuldig maakte aan misbruik van bevoegdheid of machtspositie als hierboven omschreven;

Overwegende dat geen der in het middel als geschonden genoemde wettelijke voorschriften een beletsel inhoudt tegen de handelwijze van het Gemeentebestuur ten opzichte van Kruseman;

dat ook van misbruik van overheidsbevoegdheid of van overheidsmacht hier niet kan worden gesproken, nu de van Kruseman bedongen betaling enkel strekte ter compensatie van de vermindering aan woonruimte in de Gemeente welke van de van dit Bestuur verlangde medewerking het gevolg zou zijn, en het aannemelijk is dat dit Bestuur bij de afgifte van de in artikel 1, lid 6, bedoelde verklaringen juist met het oog op de bij de instandhouding van de woonruimte betrokken belangen is ingeschakeld;

dat het slot van het middel onder b waarin wordt gesteld dat Burgemeester en Wethouders het door Kruseman betaalde bedrag niet hadden mogen verlangen en niet in ontvangst hadden mogen nemen, omdat het heffen van gelden van gemeentewege slechts rechtsgeldig kan plaatsvinden krachtens wet of verordening, blijkens de daarop gegeven toelichting berust op de opvatting dat gelden gevorderd voor door of van wege het Gemeentebestuur verstrekte diensten volgens artikel 275 van de Gemeentewet voor plaatselijke belastingen worden gehouden;

dat echter de te dezen van het Gemeentebestuur verlangde medewerking niet behoort tot de diensten waarop dat artikel het oog heeft;

Overwegende ten slotte dat de in het middel onder a vervatte klacht, als zoude het Hof zijn beslissing niet naar den eis der wet met redenen hebben omkleed, naar uit het vorenstaande blijkt, grond mist;

Overwegende dat het middel dus niet tot cassatie kan leiden;

Verwerpt het beroep;

Veroordeelt eiser in de op de voorziening in cassatie gevallen kosten aan de zijde van verweerster tot op deze uitspraak begroot op vijf en zestig gulden aan verschotten en zevenhonderd vijftig gulden voor salaris.

5. Hoge Raad (burgerlijke kamer)
22 juni 1973, ECLI:NL:HR:1973:AD2208

FLUORIDERING

De toevoeging van stoffen aan het drinkwater teneinde daarmee een geheel buiten de eigenlijke drinkwatervoorziening gelegen doel te dienen, is een maatregel van zó ingrijpende aard dat een waterleidingbedrijf daartoe – behoudens een wettelijke grondslag – bij de vervulling van de hem in de Waterleidingwet opgedragen taak niet de vrijheid heeft. Een zodanige grondslag ontbreekt.

De Hoge Raad der Nederlanden,
in de zaak van
1. Ir. Willem Christiaan Bedding,
2. Maria Christina Fiorani,
3. Drs. Jan Hilco Frijlink,
4. Frits van Praag,
5. Gerda Paula Justine Schwaab,
6. Harmina Wientjes,
allen wonende te Amsterdam, eisers tot cassatie van een tussen partijen gewezen arrest van het Gerechtshof te Amsterdam van 6 oktober 1972, vertegenwoordigd door Mr. C.R.C. Wijckerheld Bisdom, advocaat bij de Hoge Raad,
tegen
de gemeente Amsterdam, verweerder in cassatie, vertegenwoordigd door Mr. W. Blackstone, mede advocaat bij de Hoge Raad;

Gehoord partijen;
Gehoord de Advocaat-Generaal Berger in zijn conclusie strekkende tot verwerping van het beroep met de veroordeling van eisers tot cassatie in de kosten op de voorziening gevallen;
Gezien de stukken;
Overwegende dat uit het bestreden arrest en de stukken van het geding blijkt:
dat eisers, verder te noemen Bedding c.s., bij exploot van 14 maart 1972 verweerster, verder te noemen de Gemeente, hebben gedagvaard voor de President van de Arrondissements-Rechtbank te Amsterdam, rechtsprekende in kort geding, en hebben gesteld:
'dat de gemeente Amsterdam heeft besloten ingaande 20 maart 1972 het drinkwater in haar gemeente vanuit het door haar geëxploiteerde Waterleidingbedrijf te fluorideren; hetgeen betekent dat vanaf die datum aan verbruikers in haar voorzieningsgebied drinkwater zal worden afgeleverd, waaraan een zekere hoeveelheid kiezelfluorwaterstofzuur is toegevoegd;
dat genoemd waterleidingbedrijf op grond van wettelijke en contractuele bepalingen gehouden is Bedding c.s. drinkwater af te leveren, terwijl Bedding c.s. overwegende bezwaren hebben gefluorideerd drinkwater te verbruiken wegens medische, biologische, ethische en andere redenen, welke ter zitting nader zullen worden uiteengezet;'
dat de Kroon bij K.B. van 14 augustus 1970 nrs. 170-173 Ned. Staatscourant 1970 no. 172 kort samengevat als volgt heeft beslist:
'dat gezien ... voor verbruikers, die overwegende bezwaren hebben tegen het gebruiken van gefluorideerd drinkwater de praktische mogelijkheid ontbreekt over ongefluorideerd drinkwater te beschikken ... en dat aangezien een voorziening als bovenbedoeld ontbreekt de Staatssecretaris heeft beschikt in strijd met voormeld in het algemeen rechtsbewustzijn levend beginsel van behoorlijk bestuur ...', zodat de beschikking van de Staatssecretaris, waarin goedkeuring werd verleend fluoride aan het leidingwater toe te voegen in verband met artikel 4 lid 3 van het Waterleidingbesluit, werd vernietigd;
dat ook de gemeente Amsterdam geen, althans onvoldoende, voorzieningen heeft getroffen waardoor voor de bezwaarden de praktische mogelijkheid wordt gegeven zuiver (dat wil zeggen ongefluorideerd) drinkwater te verkrijgen;
dat de gemeente Amsterdam (althans het haar toebehorende waterleidingbedrijf) een monopolie positie heeft met betrekking tot de verstrekking van drinkwater;
dat derhalve de handelingen welke de gemeente Amsterdam van plan is te nemen indruisen tegen de principes van eerder genoemd K.B. en derhalve onder meer strijd opleveren met behoorlijk bestuur althans met te respecteren belangen en de bezwaarden in casu Bedding c.s., terwijl de Gemeente door haar handelen onzorgvuldig handelt jegens de persoonlijke belangen en de gezondheid van Bedding c.s. en het leefklimaat waarin zij leven, zodat daardoor schade zal ontstaan;
dat Bedding c.s. derhalve gerechtigd zijn voorzieningen te vragen en daar de gemeente Amsterdam de aangekondigde maatregel op korte termijn wenst in te voeren deze voorzieningen een spoedeisend karakter dragen en een voorziening in kort geding vereisen;
dat voorts op 3 augustus 1971 voor de Raad van State afdeling Geschillen van Bestuur diverse beroepschriften zijn behandeld ter vernietiging van de Beschikking van de Staatssecretaris van Sociale Zaken en Volksgezondheid van 19 augustus 1970 aangezien die beschikking niet ten volle rekening houdt met het gestelde in het eerder genoemde K.B. van 14 augustus 1970 waardoor onder meer beslist zal moeten worden wat verstaan dient te worden onder een 'praktische mogelijkheid voor diegenen, die overwegende bezwaren hebben tegen het gebruik van gefluorideerd drinkwater, om over ongefluorideerd drinkwater te beschikken', in welk geschil een uitspraak van de Kroon wordt verwacht op korte termijn;';

dat Bedding c.s. op vorenstaande gronden hebben gevorderd dat de President:

'I. Primair:
de gemeente Amsterdam zal verbieden het drinkwater van het haar toebehorende waterleidingbedrijf te fluorideren (of wanneer aangetoond mocht worden dat zij reeds met het fluorideren van het drinkwater een aanvang heeft gemaakt, die fluoridering stop zal zetten) zolang zij niet aan alle verbruikers binnen het distributiegebied van het Waterleidingbedrijf van de gemeente Amsterdam, die overwegende bezwaren hebben tegen het gebruik van gefluorideerd drinkwater, althans aan Bedding c.s., ongefluorideerd drinkwater aflevert tegen een prijs die gelijk is, althans niet hoger is dan die, welke berekend wordt, voor gefluorideerd drinkwater,

II. Subsidiair:
de gemeente Amsterdam zal verbieden door middel van het haar toebehorende waterleidingbedrijf fluoride aan het drinkwater toe te voegen totdat het onder 8 bedoelde besluit door de Kroon zal zijn genomen,

III. meer Subsidiair:
de gemeente Amsterdam zal verbieden door middel van het haar toebehorende waterleidingbedrijf fluoride aan het drinkwater toe te voegen gedurende een door de President redelijk te achten termijn teneinde het onder 8 bedoelde K.B. te kunnen afwachten, welke verboden dienen te worden nageleefd op straffe van een dwangsom van ƒ 100.000,- voor elke dag dat de gemeente Amsterdam in strijd handelt met die verboden welke dwangsom de gemeente Amsterdam dient te betalen aan het Internationale Rode Kruis';
dat de Gemeente de vordering heeft bestreden en de President bij vonnis van 17 maart 1972 de vordering heeft afgewezen, daartoe overwegende:
'1. dat kan worden vastgesteld, dat bij Besluit van 10 januari 1968 de Staatssecretaris van Sociale Zaken en Volksgezondheid, verder te noemen de Staatssecretaris, aan de Gemeente op een desbetreffend verzoek onder in het besluit vermelde voorwaarden goedkeuring heeft verleend een fluorverbinding toe te voegen aan het door de pompstations van het waterleidingbedrijf Leiduin, Weesperkarspel en Hilversum af te leveren water met het doel deze stof door middel van het drinkwater aan de verbruikers te doen toekomen;
dat bij een viertal Koninklijke Besluiten van 14 augustus 1970 de Kroon op verzoeken om voorziening op grond van de Wet beroep administratieve beschikkingen tegen aan het Besluit van 10 januari 1968 wezenlijk gelijkluidende beschikkingen van de Staatssecretaris die beschikkingen heeft vernietigd op deze grond, dat voor de verbruikers, die overwegende bezwaren hebben tegen het gebruiken van gefluorideerd drinkwater, de practische mogelijkheid ontbreekt over ongefluorideerd drinkwater te beschikken;
dat de Staatssecretaris daarin reden heeft gevonden, bij schrijven van 31 augustus 1970, tot de Gemeente het verzoek te richten, voor zover zulks nog niet het geval mocht zijn, "degenen die te kennen hebben gegeven overwegende bezwaren te hebben tegen het gebruik van gefluorideerd drinkwater de mogelijkheid te willen gaan bieden op enigerlei wijze ongefluorideerd drinkwater te kunnen verkrijgen";
dat de Gemeente door de Pers ter kennis van het publiek heeft gebracht, dat zij voor Amsterdammers die bezwaren hebben tegen het gebruik van gefluorideerd water als drinkwater de mogelijkheid ongefluorideerd drinkwater te verkrijgen zal scheppen door gratis niet-gefluorideerd water beschikbaar te stellen aan/op de volgende adressen en tijdstippen:
Amstelveenseweg 594 de gehele week van 9 tot 16 uur
Pieter Calandlaan 647 de gehele week van 9 tot 16 uur
Papaverhoek 12 – de gehele week van 9 tot 16 uur
Provincialeweg 21 de gehele week van 9 tot 16 uur
Driemond
en Van Hallstraat 40 de gehele week, dag en nacht, waarbij zij erop heeft gewezen, dat in zeer vele winkels in de stad niet-gefluorideerd water in flessen te koop is;
2. dat Bedding c.s. het standpunt innemen, dat de Gemeente met evenvermelde voorziening genoemde Koninklijke Besluiten onvoldoende in acht neemt en met name daardoor niet kan worden geacht "practische mogelijkheid" aan bezwaarden te verschaffen over ongefluorideerd drinkwater te beschikken; dat aldus die voorzieningen indruisen tegen de principes van die Koninklijke Besluiten; derhalve strijdig zijn met behoorlijk bestuur, althans met te respecteren belangen van de bezwaarden, onder wie Bedding c.s.; dat de Gemeente daardoor onzorgvuldig handelt jegens de persoonlijke belangen en gezondheid van Bedding c.s. in het leefklimaat waarin zij leven, zodat daardoor schade zou ontstaan;
3. dat Mr. Werner overeenkomstig zijn pleitnota uitvoerig alternatieve voorzieningen heeft besproken en tot de conclusie is gekomen, dat de gekozen voorziening financieel zowel als technisch aangewezen is en de Gemeente niet in strijd brengt met de door haar ingevolge artikel 1401 van het Burgerlijk Wetboek jegens Bedding c.s. in acht te nemen zorgvuldigheid;
dat hij daarbij heeft doen opmerken, dat het aantal bezwaarden in Amsterdam niet bekend is, dat zich in totaal 85 bezwaarden, in hoofdzaak woonachtig in Amsterdam-Zuid, hebben gemeld, dat, gelet op de ervaringen elders in het land, te verwachten is dat hun aantal relatief maar ook absoluut zeer gering zal zijn, en het uitzicht heeft geopend, dat, mocht het hier ter

stede niettemin anders uitvallen, zij haar voorziening daaraan nader zal aanpassen;
4. dat Mr. Werner er ten rechte op heeft gewezen, dat Wij de door de Gemeente voorgenomen voorziening niet verder kunnen toetsen dan aan artikel 1401 van het Burgerlijk Wetboek;
dat zulks betekent, dat de Gemeente verwijt zou treffen van onrechtmatig handelen jegens Bedding c.s. eerst indien zij in redelijkheid niet kan worden geoordeeld met de voorgenomen voorziening aan bezwaarden de practische mogelijkheid te bieden over ongefluorideerd drinkwater te beschikken;
dat Wij hierbij aantekenen, dat het verzoek van de Staatssecretaris aan de Gemeente om "degenen die te kennen hebben gegeven overwegende bezwaren te hebben tegen het gebruik van gefluorideerd drinkwater de mogelijkheid te willen gaan bieden op enigerlei wijze ongefluorideerd drinkwater te kunnen verkrijgen" aanmerkelijk beperkter is, echter de Gemeente, naar Wij hebben begrepen, bereid is de eis van de meerbedoelde Koninklijke Besluiten in acht te nemen;
5. dat Wij van mening zijn, dat zich het zo even genoemd geval niet voordoet en Bedding c.s. derhalve ten onrechte zich bij Ons over het gedrag van de Gemeente jegens hen als bezwaarden beklagen';
dat Bedding c.s. van dit vonnis in hoger beroep zijn gekomen bij het Gerechtshof te Amsterdam, dat bij de bestreden uitspraak het vonnis van de President heeft bekrachtigd, daartoe overwegende:
'2) dat de door Bedding c.s. tegen het vonnis van de President aangevoerde grieven als volgt luiden:

Grief I
Ten onrechte heeft de President geen aandacht geschonken aan het feit dat de Gemeente jegens Bedding c.s. onzorgvuldig handelt en niet te goeder trouw haar overeenkomsten met Bedding c.s. nakomt en aldus wanprestatie pleegt aangezien de Gemeente op grond van overeenkomsten met Bedding c.s. en/of krachtens de wet gehouden is tot levering van deugdelijk drinkwater, dat wil zeggen drinkwater van een zodanige samenstelling als het belang van de volksgezondheid dit vereist, hetgeen onder meer inhoudt dat dit water zonder gevaar voor de gezondheid gedurende vele jaren door mensen van diverse leeftijden geconsumeerd kan worden, hetgeen niet zonder meer gezegd kan worden van water waarbij het fluoridegehalte tot circa 1,1 mg per liter is opgevoerd door toevoeging van kiezelfluorwaterstofzuur;

Grief II
Ten onrechte heeft de President van de Gemeente aangenomen dat de door de Gemeente gekozen voorzieningen financieel zowel als technisch aangewezen zijn en haar niet in strijd brengen met de door haar ingevolge artikel 1401 van het Burgerlijk Wetboek jegens Bedding c.s. in acht te nemen zorgvuldigheid;
Terecht immers heeft de President opgemerkt dat het verzoek van de Staatssecretaris aan de Gemeente om "degenen die te kennen hebben gegeven overwegende bezwaren te hebben tegen het gebruik van gefluorideerd water de mogelijkheid te willen gaan bieden op enigerlei wijze ongefluorideerd drinkwater te kunnen verkrijgen" aanmerkelijk beperkter is dan de bewoordingen van de Koninklijke Besluiten van 14 augustus 1970 nrs 170-173 die tot vernietiging van de beschikkingen van de Staatssecretaris hebben geleid omdat voor "degenen die overwegende bezwaren hebben tegen het gebruik van gefluorideerd drinkwater de praktische mogelijkheid ontbreekt om over ongefluorideerd drinkwater te beschikken", doch ten onrechte komt de President niet tot de conclusie dat de Gemeente onrechtmatig jegens Bedding c.s. handelt nu de door de Gemeente genomen voorzieningen voor de bezwaarden (in casu Bedding c.s.) niet de praktische mogelijkheid bieden over ongefluorideerd water te beschikken (zelfs al zou moeten worden aangenomen dat de door de Gemeente genomen voorzieningen voor haar financieel en technisch het beste uitkomen, omdat terecht mag worden aangenomen dat de Gemeente de door de Kroon gestelde normen naleeft ook al zou haar dat financieel bezwaarlijker zijn of technisch moeilijker te verwezenlijken zijn, terwijl zij als zij zich die grotere financiële en technische inspanning niet wil getroosten, zij als consequentie de drinkwater fluoridering achterwege moet laten);

Grief III
Ten onrechte heeft de President zich laten leiden door het betoog van de raadsman van de Gemeente en dat tot het zijne gemaakt dat de President de door de Gemeente voorgenomen voorzieningen niet verder kan toetsen dan aan artikel 1401 van het Burgerlijk Wetboek, daarbij ten onrechte onder meer geheel de contractuele verplichtingen van de Gemeente jegens Bedding c.s. uitsluitende;

Grief IV
Terecht heeft de President opgemerkt dat de Gemeente verwijt zou treffen van onrechtmatig handelen jegens Bedding c.s. wanneer zij in redelijkheid niet kan worden geoordeeld met de voorgenomen voorzieningen aan de bezwaarden de praktische mogelijkheid te bieden over ongefluorideerd drinkwater te beschikken, doch ten onrechte hecht de President dan waarde aan de mededeling van de gemeente Amsterdam dat zij bereid is de eis van meerbedoeld KB in acht te nemen nu duidelijk is dat zij daaronder slechts verstaat het voldoen aan de norm van de Staatssecretaris, doch ieder redelijk denkend mens tot de conclusie moet ko-

men dat ook een uitbreiding van het vijftal tappunten verdeeld over een miljoenenstad geen praktische mogelijkheid kan inhouden voor groepen zoals invaliden, bejaarden, zieken, buitenshuiswerkenden, forensen en dergelijke. Bovendien betekent het uitbreiden van het aantal tappunten hoogstens dat zij die om gezondheidsredenen geen spijzen en dranken die bereid zijn met gefluorideerd water mogen gebruiken in hun eigen huis die spijzen en dranken kunnen nuttigen, maar dat door hen bijvoorbeeld alle restaurants en koffiehuizen gemeden moeten worden aangezien het voor een exploitant van zo'n bedrijf onmogelijk is in de benodigde hoeveelheden ongefluorideerd water via de tappunten te verkrijgen;

Grief V
Ten onrechte heeft de President in zijn overwegingen een rol laten spelen het feit dat de bezwaarden (in casu Bedding c.s.) ongefluorideerd drinkwater in flessen zouden kunnen verkrijgen, dat in zeer vele winkels in de stad te koop zou zijn, aangezien het water dat in winkels verkrijgbaar is verkocht wordt voor minimaal ƒ 1,- per fles, zodat het voor gezinsconsumptie geen reëel alternatief biedt;

Grief VI
Ten onrechte heeft de President zich bij zijn overwegingen en bij zijn beslissing laten leiden door de onjuiste verklaring van de Gemeente dat zich in totaal 85 bezwaarden, in hoofdzaak woonachtig in Amsterdam-Z, hebben gemeld, terwijl Bedding c.s. bekend is dat bezwaren met een verzoek tot aflevering van ongefluorideerd drinkwater ondertekend door 7182 Amsterdammers verspreid over geheel Amsterdam, ruimschoots voor het kortgeding zijn ingediend bij het Waterleidingbedrijf van de gemeente Amsterdam, zodat de Gemeente bewust heeft getracht de kwestie te bagatelliseren;

Grief VII
Ten onrechte heeft de President geen aandacht geschonken aan het feit dat de Gemeente jegens Bedding c.s. onzorgvuldig handelt en niet te goeder trouw haar overeenkomsten met Bedding c.s. nakomt en aldus wanprestatie pleegt aangezien de Gemeente op grond van overeenkomsten met Bedding c.s. en/of krachtens de wet gehouden is tot levering van deugdelijk drinkwater dat wil zeggen water dat behalve deugdelijk voor menselijke consumptie, tevens – zonder nadere behandeling door de gebruikers te ondergaan – geschikt is om te worden aangewend voor andere doeleinden waarvoor in particuliere huishoudens water pleegt te worden gebezigd, terwijl vastgesteld is dat water waarbij het fluoridegehalte kunstmatig tot circa 1,1 mg per liter is opgevoerd door toevoeging van

H_2SiF_6 ongeschikt of minder geschikt is voor zodanig gebruik vergeleken met drinkwater, waaraan die stof niet is toegevoegd;

3) dat geen grief is aangevoerd tegen de eerste rechtsoverweging van het bestreden vonnis, zodat de daar als vaststaand aangenomen feiten ook in hoger beroep als zodanig kunnen worden aangemerkt;

4) dat het Hof de eerste en de zevende grief tezamen zal behandelen;

5) dat deze grieven er over klagen dat de President geen aandacht heeft geschonken aan het feit dat de Gemeente jegens Bedding c.s. onzorgvuldig handelt en niet te goeder trouw haar overeenkomsten met Bedding c.s. nakomt en aldus wanprestatie pleegt, aangezien – aldus deze grieven – de Gemeente op grond van overeenkomsten met Bedding c.s. en/of krachtens de Wet gehouden is tot levering van deugdelijk drinkwater, dat wil zeggen water dat zowel deugdelijk is voor menselijke consumptie als tevens geschikt is om te worden aangewend voor andere doeleinden waarvoor in particuliere huishoudens water pleegt te worden gebezigd;

6) dat deze grieven, voor zover zij inhouden dat de President geen aandacht heeft geschonken aan de stelling dat de Gemeente jegens Bedding c.s. onzorgvuldig handelt, ongegrond zijn daar uit het bestreden vonnis – met name uit de vierde en vijfde rechtsoverweging daarvan – het tegendeel blijkt, nu daarin gemotiveerd is beslist dat van een onrechtmatige daad van de Gemeente jegens Bedding c.s. geen sprake is;

7) a. dat voorts – voor zover deze beide grieven zijn gegrond hierop dat de President geen aandacht heeft geschonken aan de stelling dat de Gemeente niet te goeder trouw haar overeenkomsten met Bedding c.s. nakomt en aldus wanprestatie pleegt – aan de contractuele verplichting van de Gemeente tot levering van drinkwater geen zelfstandige betekenis toekomt voor wat betreft de vereisten waaraan drinkwater moet voldoen; dat toch gesteld noch gebleken is, dat, voor zover Bedding c.s. contracten met de Gemeente hebben gesloten ten aanzien van de levering van drinkwater door de Gemeente aan hen, deze contracten meer of andere eisen stellen aan het te leveren drinkwater dan die, welke de op dit stuk bestaande wettelijke voorschriften aan drinkwater stellen, zodat ervan uit gegaan mag worden, dat indien slechts het door de Gemeente geleverde drinkwater voldoet aan de bij de Wet daaraan gestelde eisen, tevens is voldaan door de Gemeente aan hare contractuele verplichting in vorenbedoeld opzicht;

b. dat het door de Gemeente geleverde drinkwater inderdaad voldoet aan de eisen van de Wet, met name aan de bepalingen van de Waterleidingwet en van het Waterleidingbesluit, nu immers de Staatssecretaris van Sociale Zaken en Volksgezondheid bij beschikking van

10 januari 1968 aan de Gemeente de in artikel 4, derde lid van genoemd Besluit bedoelde goedkeuring tot drinkwaterfluoridering heeft verleend, welke beschikking is gepubliceerd in de Nederlandse Staatscourant van 17 januari 1968, zodat van wanprestatie zijdens de Gemeente niet gesproken kan worden;
8) dat het hiervoren overwogene medebrengt dat de eerste en de zevende grief niet kunnen leiden tot vernietiging van het bestreden vonnis;
9) dat in de derde grief erover wordt geklaagd dat de President in het bestreden vonnis bij de toetsing van de door de Gemeente voorgenomen voorzieningen aangaande de verstrekking van niet-gefluorideerd water de contractuele verplichtingen van de Gemeente jegens Bedding c.s. geheel heeft uitgesloten;
10) dat ook deze grief faalt, zulks blijkens hetgeen hiervoren is overwogen bij de behandeling van de eerste en de zevende grief aangaande de contractuele verplichting van de Gemeente tot levering van drinkwater, hierop neerkomende dat de Gemeente, nu zij bij de levering van drinkwater voldoet aan de bij de Wet daaraan gestelde vereisten, daarmede in dat opzicht eveneens nakomt hare verplichting tot levering van drinkwater ingevolge contract, waarbij het Hof, als voor dit geding niet van belang, onbesproken laat, dat niet is gebleken dat Bedding c.s. allen met de Gemeente een overeenkomst hebben gesloten tot levering van drinkwater;
11) dat het Hof de tweede, de vierde en de zesde grief tezamen zal behandelen;
12) a. dat Bedding c.s. weliswaar hebben gesteld dat een groot aantal te Amsterdam woonachtige personen zich bezwaard gevoelt te moeten overgaan tot het gebruik van gefluorideerd water, doch niet hebben gesteld dat er bezwaren voor ieder van hen (Bedding c.s.) persoonlijk aanwezig zijn om gebruik te maken van de vijf door de Gemeente beschikbaar gestelde tappunten waar niet-gefluorideerd water gratis verkrijgbaar is en dat het voor ieder van hen persoonlijk practisch niet mogelijk is van de tappunten gebruik te maken;
b. dat dan ook in deze procedure – waarin Bedding c.s. toch voor zich zelf en uiteraard niet voor anderen een voorziening hebben gevraagd – buiten beschouwing kan blijven de vraag naar het aantal in Amsterdam woonachtige personen dat zich bezwaard gevoelt te moeten overgaan tot het gebruik van gefluorideerd water;
c. dat Bedding c.s. wel allen stellen in Amsterdam woonachtig te zijn, doch geen van hen aangeeft hoe zijn/haar woning is gelegen ten opzichte van de tappunten voor niet-gefluorideerd water of zelfs maar ten opzichte van het naastbij gelegen tappunt en welke zijn/haar overige persoonlijke omstandigheden zijn, waardoor het voor ieder van hen persoonlijk practisch niet mogelijk is van de tappunten gebruik te maken;
d. dat derhalve niet is gesteld of gebleken dat ten aanzien van ieder van hen persoonlijk de door de Gemeente getroffen regeling tot het verkrijgen van niet-gefluorideerd water redelijkerwijze niet voldoende is te achten en dat ieder van hen persoonlijk niet de practische mogelijkheid heeft om zich van niet-gefluorideerd water te voorzien, al hetgeen medebrengt dat de tweede, de vierde en de zesde grief geen doel kunnen treffen;
13) a. dat, voor wat betreft de vijfde grief, in het vonnis onder de weergave der vaststaande feiten mede is vermeld dat in de publicatie van de Gemeente aan het publiek – naast de opsomming van de vijf door de Gemeente verzorgde tappunten waar ongefluorideerd water verkrijgbaar is – erop is gewezen dat in zeer vele winkels in de stad niet-gefluorideerd water in flessen te koop is, doch dat niet alleen uit niets blijkt dat laatstbedoelde verkrijgbaarheid van niet-gefluorideerd water zou hebben bijgedragen tot de door de President gegeven beslissing, maar dat integendeel uit de rechtsoverwegingen van het vonnis welke volgen op de eerste rechtsoverweging blijkt dat de beslissing van de President op andere gronden steunt dan op de verkrijgbaarheid van niet-gefluorideerd water in de handel;
b. dat derhalve ook de vijfde grief ongegrond is;
14) dat het bestreden vonnis moet worden bekrachtigd nu alle grieven blijken te falen, terwijl in het onderhavige kort geding geen aanleiding bestaat Bedding c.s. toe te laten tot bewijslevering;';
Overwegende dat Bedding c.s. 's Hofs arrest bestrijden met het volgende middel van cassatie:
'Schending van het Nederlandse recht en verzuim van vormen waarvan de niet-inachtneming nietigheid ten gevolge heeft.
Het Hof heeft op de overwegingen die in het arrest zijn vervat en waarnaar te dezer plaatse wordt verwezen, bekrachtigd het vonnis van de President waarbij iedere voorziening tegen de Gemeente is geweigerd.
Met name heeft het Hof op de stelling van Bedding c.s. dat de Gemeente gehouden was aan hen op grond van contractuele bepalingen drinkwater te leveren, terwijl Bedding c.s. overwegende bezwaren hebben tegen het gebruik van gefluorideerd drinkwater wegens medische, biologische, ethische en andere redenen, en dat de Gemeente niet te goeder trouw haar overeenkomsten met Bedding c.s. nakomt en aldus wanprestatie pleegt, aangezien zij krachtens de wet gehouden is tot levering van deugdelijk drinkwater, dat wil zeggen drinkwater dat zowel deugdelijk is om te worden aangewend voor menselijke consumptie als tevens geschikt is om te worden aangewend voor andere doeleinden, waarvoor in particuliere huishoudens water pleegt te worden gebezigd, overwogen als in de rechtsoverwegingen 7 a en 7 b vermeld.
Voorts heeft het Hof naar aanleiding van de derde grief deze overweging nogmaals samengevat als in rechtsoverweging 10 vermeld.

Een en ander is aldus ten onrechte overwogen en beslist.
1) a. Ingevolge artikel 4 van de Waterleidingwet en artikel 4 lid 1 van het Waterleidingbesluit mag drinkwater dat de eigenaar van een waterleidingbedrijf aan anderen ter beschikking stelt geen stoffen bevatten in zodanige hoeveelheden per eenheid water, dat deze stoffen voor de gezondheid nadelig kunnen zijn. Bedding c.s. hebben ten processe omstandig betoogd dat en waarom een dergelijke nadelige werking van gefluorideerd water inderdaad te vrezen is. Het Hof kon dus niet, zonder op dit betoog in te gaan, beslissen dat het door de Gemeente geleverde drinkwater inderdaad voldeed aan de eisen van de wet, met name aan de bepalingen van de Waterleidingwet en het Waterleidingbesluit. Althans is de beslissing van het Hof waarom wel aan de eisen van de wet zou zijn voldaan op dit punt niet voldoende duidelijk gemotiveerd.
b. Het Hof beroept er zich op dat de Staatssecretaris van Sociale Zaken en Volksgezondheid bij beschikking van 10 januari 1968 aan de Gemeente de in artikel 4, derde lid van het Waterleidingbesluit bedoelde goedkeuring tot drinkwaterfluoridering heeft verleend. Daarbij ziet het Hof evenwel voorbij dat de betekenis van deze goedkeuring wel is dat het de eigenaar van het waterleidingbedrijf vrijstaat aan het water bepaalde stoffen – in casu een fluorverbinding – toe te voegen met het doel deze door middel van het drinkwater aan de verbruikers te doen toekomen, maar deze goedkeuring geen betekenis heeft met betrekking tot de kwaliteit van het drinkwater, die in elk geval aan lid 1 van voormeld artikel getoetst zal dienen te worden.
c. Bovendien kan artikel 4 lid 3 van het Waterleidingbesluit niet gezegd worden in te houden een eis waaraan ten minste moet worden voldaan met betrekking tot de hoedanigheid van het door een waterleidingbedrijf afgeleverde drinkwater, noch anderszins te berusten op artikel 4 van de Waterleidingwet. Aannemende dat gefluorideerd water niet voldoet aan de eis van artikel 4 lid 1 van het Besluit kon daarin door een goedkeuring ingevolge lid 3 van dit artikel, zijnde een bepaling die niet op enige wet is gebaseerd en derhalve als onderbindend moet worden aangemerkt, geen verandering worden gebracht.
d. Daarenboven is het verschaffen van gefluorideerd drinkwater, onder de gegeven omstandigheden, een inbreuk op de uitoefening van de rechten, toegekend in artikel 8 van het Verdrag van Rome tot bescherming van de rechten van de mens en de fundamentele vrijheden, welke inbreuk niet kan worden gerechtvaardigd door een wettelijke voorziening, nu artikel 4 lid 3 van het Besluit als zodanig niet verbindend is.
e. Voorts heeft het Hof miskend dat al zouden de door Bedding c.s. met de Gemeente gesloten contracten ten aanzien van de levering van drinkwater door de Gemeente aan deze niet meer of andere eisen stellen dan die, welke de op dit stuk bestaande wettelijke voorschriften aan drinkwater stellen – met de aan deze omstandigheid door het Hof verbonden consequenties – daarmede niets is gezegd ten aanzien van de vraag of Bedding c.s. genoegen hadden te nemen met levering van drinkwater dat niet alleen de normale functie van "water" vervulde, maar tevens diende als een middel, waarmede (andere) stoffen – in casu fluorverbindingen – aan Bedding c.s. werden toegevoerd.
f. Ten slotte, het Hof heeft volstaan met aan te geven welke eisen in de door Bedding c.s. met de Gemeente gesloten contracten ten aanzien van het door de Gemeente te leveren water werden gesteld, althans geacht konden worden te zijn gesteld. Het Hof heeft evenwel verzuimd te onderzoeken of niet – zoals door Bedding c.s. was betoogd – de goede trouw waarmede de Gemeente de contracten diende ten uitvoer te brengen, in aanmerking nemende de monopoliepositie van de Gemeente, de ethische bezwaren van Bedding c.s. en de verder uitvoerig ten processe uiteengezette omstandigheden, de Gemeente verplichtte tot levering van ongefluorideerd water.
2) Op grond van de uitspraken van de Kroon in administratief beroep (K.B. Nrs. 170-173 van 14 augustus 1970, Ned. Stcrt. van 8 september 1970 nr. 172) kan als geldend recht worden aangenomen, hetgeen in deze Besluiten is overwogen, te weten:
"dat .... gelet op het karakter van fluoridering van drinkwater als maatregel van medische aard, alsmede op de omstandigheid, dat drinkwater behoort tot de eerste levensbehoeften van de mens, het beginsel van de door de overheid te betrachten zorgvuldigheid, zijnde een beginsel van behoorlijk bestuur als bedoeld in artikel 4, eerste lid, onder d van de Wet beroep administratieve beschikkingen, naar Ons oordeel medebrengt, dat, zolang de wetgever ter zake van het fluorideren van drinkwater geen nadere speciale regels heeft gesteld, bovenbedoelde goedkeuring slechts wordt verleend, indien ten minste een voorziening is getroffen voor de aangeslotenen op het waterleidingbedrijf, die blijk hebben gegeven overwegende bezwaren tegen een maatregel als bovenbedoeld te hebben; dat immers bij gebreke van een zodanige voorziening, de monopoliepositie van het waterleidingbedrijf in aanmerking genomen, de goedkeuring er toe zou leiden, dat deze aangeslotenen feitelijk gedwongen zijn tot gebruiken van drinkwater, waarvan zij de samenstelling onaanvaardbaar achten";
alsmede dat, zoals in die Besluiten mede is voorzien, er voor de verbruikers een praktische mogelijkheid moet bestaan over ongefluorideerd water te beschikken.
Ook de Gemeente heeft zich in het geding op het standpunt gesteld dat zij gehouden was aan de voorwaarden als geformuleerd in de aangehaalde Beslui-

ten te voldoen, waarbij tussen partijen evenwel een, zo niet het voornaamste twistpunt was, of de Gemeente dit inderdaad (in voldoende mate) had gedaan.

Dit zo zijnde had het Hof, nagaande of de Gemeente, inderdaad had voldaan aan haar contractuele verplichtingen welke naar 's Hofs oordeel samenvielen met de inachtneming van de wettelijke voorschriften ten aanzien van het te leveren drinkwater, niet mogen volstaan met zich te baseren op de in 1968 aan de Gemeente verleende goedkeuring, maar had zich moeten afvragen hoe over voormeld twistpunt moest worden beslist, en dus of voldaan was aan het vereiste van een praktische mogelijkheid over ongefluorideerd drinkwater te beschikken. Daarbij verdient opmerking, dat de Gemeente niet had gesteld, noch anderszins was gebleken, dat zulk een mogelijkheid voor Bedding c.s. of een of meer van hen gemakkelijker te gebruiken zou zijn geweest dan voor het gemiddelde van de overige watergebruikers over wier situatie het debat in hoofdzaak werd gevoerd. Zeker had het Hof de voormelde opvatting niet buiten beschouwing mogen laten nu het (mede) ging over de vraag of de Gemeente wel te goeder trouw de overeenkomsten uitvoerde door gefluorideerd water te leveren.';

Overwegende omtrent het middel:

dat dit de vraag aan de orde stelt of de Waterleidingwet er zich tegen verzet dat de eigenaar van een waterleidingbedrijf een fluorverbinding aan het drinkwater toevoegt teneinde deze via het bestaande waterleidingnet aan de verbruikers te doen toekomen;

dat er in dit geding van kan worden uitgegaan dat de onderhavige toevoeging niet dient ter bereiding van drinkwater maar om de fluorverbinding door middel van het drinkwater aan de verbruikers te doen toekomen met het doel tandbederf tegen te gaan;

dat de Waterleidingwet in artikel 4 lid 1 aan de eigenaar van een waterleidingbedrijf de verplichting oplegt om de levering van deugdelijk drinkwater aan de verbruikers in zijn distributiegebied te waarborgen;

dat, ook als er van wordt uitgegaan dat de toevoeging van een fluorverbinding, als waarvan hier sprake is, de deugdelijkheid van het water voor menselijke consumptie niet aantast, nochtans de vraag rijst of de eigenaar van een waterleidingbedrijf geacht kan worden aan de hem in artikel 4 lid 1 opgelegde verplichting te voldoen wanneer hij stoffen aan het water toevoegt die voor de bereiding van drinkwater van geen belang zijn maar die een buiten de eigenlijke drinkwatervoorziening gelegen doel dienen;

dat de taak die aan de eigenaar van een waterleidingbedrijf in artikel 4 lid 1 is opgelegd, hem uitsluitend is opgelegd in het belang van een goede drinkwatervoorziening in het betreffende distributiegebied;

dat voorts de eigenaar van een waterleidingbedrijf in zijn distributiegebied een monopoliepositie inneemt en drinkwater een van de eerste levensbehoeften van de mens is; dat derhalve de verbruikers voor de voorziening in deze behoefte praktisch zijn aangewezen op het drinkwater zoals dat via het bestaande leidingnet aan hen wordt toegevoerd;

dat derhalve de toevoeging van stoffen aan het drinkwater voor een buiten de eigenlijke drinkwatervoorziening gelegen doel van massapreventie met zich meebrengt dat de verbruikers in het betreffende distributiegebied praktisch gedwongen zijn om deze stoffen tot zich te nemen, ook indien zij, als met Bedding c.s. het geval is, daartegen overwegende bezwaren hebben; dat daarbij opmerking verdient dat, zoals in deze zaak vaststaat, de aanleg van een tweede waterleidingnet, waarlangs voor hen, die dit wensen, niet-gefluorideerd water zou kunnen worden verstrekt, praktisch niet is te verwezenlijken, en dat, al zouden de door de Gemeente ter beschikking gestelde vijf tappunten, waar niet-gefluorideerd water verkrijgbaar is, aan de bezwaarden werkelijk een praktische mogelijkheid bieden om over zulk water te beschikken – hetgeen Bedding c.s. hebben betwist – zulks niet zou wegnemen dat de verkrijging van drinkwater voor hen aanzienlijk bezwaarlijker zou zijn dan dit voor anderen het geval is en in deze tijd als normaal is te beschouwen;

dat de toevoeging van stoffen aan het drinkwater teneinde daarmee een geheel buiten de eigenlijke drinkwatervoorziening gelegen doel te dienen daarom een maatregel is van zó ingrijpende aard dat, zonder wettelijke grondslag, niet kan worden aangenomen dat een waterleidingbedrijf daartoe bij de vervulling van de hem in artikel 4 lid 1 van de Wet opgedragen taak de vrijheid heeft;

dat echter noch in de tekst van de Wet noch in de wetsgeschiedenis enige aanwijzing is te vinden voor de stelling dat de wetgever de waterleidingbedrijven deze vrijheid heeft willen geven;

dat derhalve moet worden aangenomen dat, indien een zodanige toevoeging plaatsvindt, niet meer gesproken kan worden van een levering van drinkwater als waarop de wetgever in artikel 4 lid 1 het oog heeft;

dat artikel 4 lid 3 van de Waterleidingbesluit er van uitgaat dat artikel 4 lid 1 van de Wet er zich niet tegen verzet dat de eigenaar van een waterleidingbedrijf bij de uitvoering van de hem in laatstgenoemd artikel opgelegde taak stoffen als bedoeld in artikel 4 lid 3 van het Besluit aan het water toevoegt;

dat dit uitgangspunt blijkens het vorenstaande onjuist is;

dat derhalve onderdeel 1 van het middel, voor zover het onder c betoogt dat aan artikel 4 lid 3 van het Besluit niet de bevoegdheid kan worden ontleend tot fluoridering van het drinkwater, terecht is voorgesteld;

dat voorts onderdeel 1, sub e, gegrond is, voor zover daarin wordt betoogd dat Bedding c.s. geen genoegen

hadden te nemen met levering via het bestaande leidingnet van gefluorideerd drinkwater;
dat het middel voor het overige geen bespreking behoeft;
Overwegende dat de vraag tot welk bevel het bovenstaande, gelet op alle betrokken belangen en de gevolgen die zodanig bevel heeft, moet leiden, alsnog door de rechter, die over de feiten oordeelt, zal moeten worden beslist;
Vernietigt 's Hofs arrest;
Verwijst de zaak ter verdere behandeling en beslissing naar het Gerechtshof te Amsterdam;
Veroordeelt de Gemeente in de kosten op het beroep in cassatie gevallen, aan de zijde van Bedding c.s. tot aan deze uitspraak begroot op ƒ 171,75 aan verschotten en ƒ 1.350,- voor salaris.

6. Europees Hof voor de Rechten van de Mens
23 oktober 1985, ECLI:NL:XX:1985:AC9055

BENTHEM

**Een geschil over een Hinderwetvergunning kan worden aangemerkt als een geschil over een burgerlijk recht als bedoeld in artikel 6 EVRM.
De Afdeling voor de geschillen van bestuur van de Raad van State, noch de Kroon kan worden aangemerkt als een rechter in de zin van dit artikel.**

The European Court of Human Rights, taking its decision in plenary session in application of Rule 50 of the Rules of Court and composed of the following judges: Mr. R. Ryssdal, President, Mr. W. Ganshof van der Meersch, Mr. J. Cremona, Mr. Thór Vilhjálmsson, Mrs. D. Bindschedler-Robert, Mr. G. Lagergren, Mr. F. Gölcüklü, Mr. F. Matscher, Mr. J. Pinheiro Farinha, Mr. L.-E. Pettiti, Mr. B. Walsh, Sir Vincent Evans, Mr. R. Macdonald, Mr. C. Russo, Mr. R. Bernhardt, Mr. J. Gersing, Mr. C. W. Dubbink, ad hoc judge, and also of Mr. M.-A. Eissen, Registrar, and Mr. H. Petzold, Deputy Registrar,
Having deliberated in private on 28 February and 30 September 1985,
Delivers the following judgment, which was adopted on the last-mentioned date:

Procedure

1. The present case was referred to the Court by the European Commission of Human Rights ('the Commission') on 20 March 1984, within the three-month period laid down by Article 32 para. 1 and Article 47 (art. 32-1, art. 47) of the Convention for the Protection of Human Rights and Fundamental Freedoms ('the Convention'). The case originated in an application (no. 8848/80) against the Kingdom of the Netherlands lodged with the Commission on 21 December 1979 under Article 25 (art. 25) by Mr. Albert Benthem, a Netherlands national.
2. The Commission's request referred to Articles 44 and 48 (art. 44, art. 48) and to the declaration whereby the Netherlands recognised the compulsory jurisdiction of the Court (Article 46) (art. 46). The object of the request was to obtain a decision as to whether or not the facts of the case disclosed a breach by the respondent State of its obligations under Article 6 para. 1 (art. 6-1).
[...]

As to the facts

I. The particular circumstances of the case

10. Mr. Albert Benthem, who was born in 1927, lives at Noordwolde (municipality of Weststellingwerf), where he used to own and run a garage.

11. On 5 April 1976, he applied to the municipal authorities, in accordance with the Nuisance Act 1952 (see paragraphs 19-22 below), for a licence to bring into operation an installation for the delivery of liquid petroleum gas ('LPG') to motor vehicles. The installation comprised a surface storage tank with a capacity of 8 cubic metres.
The application was made public in order to enable those wishing to object to do so. On 2 June 1976, three neighbours expressed their fear of fire and an explosion being caused by lightning.
12. On 11 August 1976, the municipal authorities granted the licence, subject to fifty-six conditions which they considered would counter the dangers in question. They referred to a letter in which an official of the Groningen Labour Inspectorate had indicated that he agreed with such a course.
13. On 9 August 1976, the Regional Health Inspector had written to the municipal authorities to advise them to refuse a licence; in his view, the proximity of houses involved excessive risks. On 17 September, he lodged an appeal with the Crown (Kroonberoep; see paragraphs 24-26 below).
The municipal authorities informed Mr. Benthem of the appeal on 6 October 1976. They stated that since it had no suspensive effect, he could erect the installation. However, they added that if he did so, they would not be liable for any financial losses he might sustain in the event of the licence being cancelled.
14. The Chairman of the Administrative Litigation Division of the Council of State (Afdeling voor Geschillen van Bestuur van de Raad van State) – to which Division it fell to investigate the matter and then advise the Crown – sought information from the Minister of Public Health and Environmental Protection (sections 26 and 32(c) of the Council of State Act; see paragraphs 24 and 25 below). This information was supplied, in a letter of 7 February 1977, by the Director General for Environmental Protection; he expressed the view that the appeal was well-founded as he considered that further conditions ought to be attached to the licence.
15. After a hearing in the presence of the parties, during which the applicant was heard on 22 December 1977, the Chairman of the Division asked the Director General for additional information.
The latter explained, in a letter of 18 May 1978, that the situation had changed: greater importance was now attached to the dangers involved in storage and delivery. He shared the view of the Chief Inspector of Public Health that, pending revision of the current officially-recommended standards, there should not be more than twenty-five houses within a radius of 150 metres from the gas tanks and dispensers, nor less than 25 metres between the installation and the nearest houses.

The Director General therefore concluded that the licence sought by Mr. Bentham should be refused, as these conditions were not satisfied.

16. At a hearing held on 12 September 1978, the applicant argued that the Chief Inspector's 'interim position', as well as being inadequately motivated, was not based on sufficiently sound technical grounds. Having been asked by the Chairman of the Division to elaborate on his opinion, the Director General provided, on 30 November 1978, further details concerning the safety hazards; he stated that, pending the results of a study (which was being undertaken because of the many appeals outstanding), a cautious attitude should be adopted when granting licences. He thus confirmed his earlier position.

17. On 8 June 1979, the Administrative Litigation Division sent to the Minister of Public Health and Environmental Protection an opinion recommending that the licence be refused; a draft of the Decree to be adopted was attached thereto.

18. On 30 June 1979, by a Decree in the same terms as the draft, the Crown quashed the municipal authorities' decision. It considered that a different view should be taken regarding the distance between an LPG installation and the neighbouring houses and that, in the particular circumstances, the risks could not be eliminated merely by the imposition of additional conditions.

As a result, the municipal authorities issued an order directing Mr. Bentham to cease operating his installation. He lodged an appeal against this decision, but it was confirmed by the Crown by a Decree of 13 June 1980. A second decision – dated 10 October 1980 and providing for the closure of the installation by the authorities themselves – was quashed, on formal grounds, by the Judicial Division (Afdeling Rechtspraak) of the Council of State on 26 July 1982. According to information which was given to the Court at the hearings and was not contested, the installation was not closed down until February 1984. At the beginning of that year, Mr. Bentham had been declared bankrupt.

II. Applicable domestic law
1. The Nuisance Act 1952 (Hinderwet)
19. The Nuisance Act 1952 prohibits, in the absence of a licence, the erection, bringing into operation, exploitation, extension or modification of certain installations which may be a source of danger, damage or nuisance to their surroundings (section 2 (1)).
The installations concerned are listed in a Decree, and they include those for delivering LPG.

20. Licence applications, which are submitted to the municipal authorities, are first of all notified to the public, who may make oral or written objections. Certain government bodies – such as the Regional Health Inspector – are also given an opportunity to express their views.

The decision lies with the municipal authorities (section 4). They may refuse a licence only if the erection, bringing into operation, exploitation, extension or modification of the installation would result in danger or, as regards property, industry or health, damage or serious nuisance, and if such danger, damage or nuisance could not be sufficiently averted by the imposition of conditions (section 13 (1) in the version in force at the relevant time).

Once issued, a licence covers both the original holder and his assignees (section 14). It may be granted by the municipal authorities for a limited period or subject to conditions binding upon the licensee (sections 16 and 17).

21. After the persons and authorities involved have been informed of the decision, the applicant for the licence, anyone who duly raised objections and the government bodies concerned may lodge an appeal with the Crown within a certain period (section 20, which was then in force). The Crown determines the appeal on the advice of the Administrative Litigation Division of the Council of State (section 29).

An appeal has no suspensive effect but, under section 60 (a) of the Council of State Act (Wet op de Raad van State), the appellant may ask the Chairman of the Division to defer implementation of the decision or to order interim measures.

22. At the close of the proceedings, the Crown will confirm, amend or quash the initial decision.

2. Provisions on procedure in appeals to the Crown (Kroonberoep)
23. Under the Constitution, the person of the King – or the Queen – is inviolable. The King takes his decisions on the responsibility of a Minister, who has to countersign them.

The expression 'the Crown', when decision-making powers are being exercised, is commonly used to denote the King together with the Minister or Ministers.

24. The Crown gives rulings in administrative litigation which is brought before it on appeal. In carrying out this function, the Crown will not take a decision until the Administrative Litigation Division of the Council of State has investigated the matter and prepared a draft decision (section 26 (1) of the Council of State Act).

The members of the Division, whose number is fixed by the Crown but cannot be less than five including the Chairman, are chosen by the Crown from amongst the members of the Council of State and on its recommendation. The Administrative Litigation Division is to be distinguished from the Judicial Division which itself decides cases falling within its competence.

25. The Chairman of the Administrative Litigation Division calls for the necessary official reports and informs

the Minister concerned thereof (section 32 (c) (1)). The interested parties may submit such documentary evidence as they consider necessary (section 34). A public hearing enables them, if they so wish, to argue their cases (section 45). Like the Chairman of the Division, they may call witnesses or experts, put questions to them and comment on any evidence given (sections 41 (4), 46 (5) and (6) and 48).

The Division deliberates in camera (section 51); it may carry out on-site inspections (section 52), ask for additional official reports, on which the interested parties may comment (section 54), and hold further hearings (section 55).

It then draws up a draft Royal Decree, which it submits to the Crown together with its advice (section 56). The Minister concerned has six months to inform the Division of any objections he may have and ask it to reconsider the case (section 57).

26. After receiving the Division's advice or further advice, the Crown issues a Royal Decree within six months. This time-limit may be extended by three months (section 58 (1)). After it has expired, the Crown must decide in accordance with the Division's advice (section 58 (a)). Prior to that, it may depart from the advice, but only if the Minister concerned has first consulted the Minister of Justice or, where the latter is himself concerned, if he has first consulted the Prime Minister (sections 57 and 58 (2) (a) and (b)). In practice, the Crown very rarely takes this course.

The Crown's decision, against which no further appeal is available, may be based on considerations of law or of expediency.

The Decree, which incorporates the reasons therefor, is immediately sent to the interested parties and the Division. It is then made available for one month for public inspection at the Secretariat of the Council of State (section 59 (2)). If the Decree departs from the advice, it is published in the Official Gazette (*Staatsblad*) together with the Minister's report, which contains the Division's draft and the Minister's correspondence with the Division and with the Minister of Justice or the Prime Minister (section 58 (3)).

Proceedings before the commission

27. Mr. Benthem filed his application (no. 8848/80) with the Commission on 21 December 1979. He claimed that a dispute over civil rights and obligations was involved and that, contrary to the requirements of Article 6 para. 1 (art. 6-1) of the Convention, his case had not been heard by an independent and impartial tribunal.

28. The Commission declared the application admissible on 10 March 1982.

In its report of 8 October 1983 (Article 31) (art. 31), the Commission expressed the opinion that Article 6 para. 1 (art. 6-1) was not applicable in the present case (nine votes against eight), that it was not necessary to determine whether the proceedings complained of were in conformity with the requirements of that provision and that there had been no breach thereof (eleven votes against six).

[...]

Final submissions made to the court

29. In the respective memorials of 23 August 1984, the Court was requested, by the Government, 'to hold that there has been no violation of the Convention in the present case' and, by the applicant, to find on the contrary that there had been and to grant him reasonable redress.

As to the law

I. Applicability of Article 6 para. 1 (art. 6-1)

30. According to Mr. Benthem, there was a serious dispute as to whether the issue of the licence he had sought, or on the contrary the refusal of his application, was in conformity with the Nuisance Act and, more generally, with the requirements of the rule of law.

In his view, both the initial grant of the licence by the municipal authorities and its subsequent refusal by the Crown had decisively and directly affected professional activities and contractual relations, and hence civil rights and obligations, within the meaning of Article 6 para. 1 (art. 6-1). This paragraph provides as follows: 'In the determination of his civil rights and obligations ..., everyone is entitled to a fair and public hearing within a reasonable time by an independent and impartial tribunal established by law ...'

31. The Government, for their part, argued as follows. To come within the scope of Article 6 (art. 6), a decision by a public authority had to relate directly, if not to the conclusion of private-law contracts, at least to an activity involving such contracts. In addition, the person concerned had to be carrying on his business by virtue of an irrevocable licence. However, this was not so here. Nor could Mr. Benthem pray in aid his right to the full and free enjoyment of his property, since that right was circumscribed by legal regulations. Again, this was not a case where a right previously granted had been withdrawn or suspended, but one where the creation of a new right by means of a licence was in question. Finally, the right to carry on a garage business was not at stake; nothing would have prevented Mr. Benthem from continuing it and, notably, from selling LPG at a site where there was no risk for the neighbourhood.

In the alternative, the Government maintained that the right claimed by the applicant did not exist prior to the municipal authorities' decision; even thereafter, the right was only provisional until such time as the decision was reversed by the Crown.

In the Government's submission, Article 6 para. 1 (art. 6-1) was therefore not applicable in the present case. By nine votes to eight, the Commission arrived at the same conclusion.

A. Existence of a 'contestation' (dispute) concerning a right
1. Principles adopted by the Court in its case-law
32. The principles that emerge from the Court's case-law include the following:
(a) Conformity with the spirit of the Convention requires that the word 'contestation' (dispute) should not be 'construed too technically' and should be 'given a substantive rather than a formal meaning' (see the Le Compte, Van Leuven and De Meyere judgment of 23 June 1981, Series A no. 43, p. 20, para. 45).
(b) The 'contestation' (dispute) may relate not only to 'the actual existence of a ... right' but also to its scope or the manner in which it may be exercised (see the same judgment, loc. cit., p. 22, para. 49). It may concern both 'questions of fact' and 'questions of law' (see the same judgment, loc. cit., p. 23, para. 51 in fine, and the Albert and Le Compte judgment of 10 February 1983, Series A no. 58, p. 16, para. 29 in fine, and p. 19, para. 36).
(c) The 'contestation' (dispute) must be genuine and of a serious nature (see the Sporrong and Lönnroth judgment of 23 September 1982, Series A no. 52, p. 30, para. 81).
(d) According to the Ringeisen judgment of 16 July 1971, 'the ... expression 'contestations sur (des) droits et obligations de caractère civil' [disputes over civil rights and obligations] covers all proceedings the result of which is decisive for [such] rights and obligations' (Series A no. 13, p. 39, para. 94). However, 'a tenuous connection or remote consequences do not suffice for Article 6 para. 1 (art. 6-1) ...: civil rights and obligations must be the object – or one of the objects – of the 'contestation' (dispute); the result of the proceedings must be directly decisive for such a right' (see the above-mentioned Le Compte, Van Leuven and De Meyere judgment, Series A no. 43, p. 21, para. 47).'
2. Application of these principles in the present case
33. The Court considers that a 'genuine and serious' contestation (dispute) as to the 'actual existence' of the right to a licence claimed by the applicant arose between him and the Netherlands authorities at least after the Regional Inspector's appeal against the decision of the Weststellingwerf municipal authorities. This is shown especially by the fact that, from 11 August 1976 to 30 June 1979, Mr. Benthem was able, without contravening the law, to exploit his installation by virtue of the licence granted by the latter authorities (see paragraph 13, sub-paragraph 2, above). In addition, the result of the proceedings complained of, which could – and in fact did – lead to a reversal of the decision under appeal, was directly decisive for the right at issue.
The Crown thus had to determine a contestation (dispute) concerning a right claimed by Mr. Benthem.

B. Civil character of the right at issue
1. Principles adopted by the Court in its case-law
34. According to the Court's case-law, '... the concept of 'civil rights and obligations' cannot be interpreted solely by reference to the domestic law of the respondent State' (see the König judgment of 28 June 1978, Series A no. 27, pp. 29-30, paras. 88-89).
Furthermore, Article 6 (art. 6) does not cover only 'private-law disputes in the traditional sense, that is disputes between individuals or between an individual and the State to the extent that the latter had been acting as a private person, subject to private law,' and not 'in its sovereign capacity' (see the same judgment, loc. cit., p. 30, para. 90). Accordingly, 'the character of the legislation which governs how the matter is to be determined ... and that of the authority which is invested with jurisdiction in the matter ... are ... of little consequence': the latter may be an 'ordinary court, [an] administrative body, etc.' (see the above-mentioned Ringeisen judgment, Series A no. 13, p. 39, para. 94). 'Only the character of the right at issue is relevant' (see the above-mentioned König judgment, Series A no. 27, p. 30, para. 90).
35. The Court does not consider that it has to give on this occasion an abstract definition of the concept of 'civil rights and obligations'. In its view, the proper course is to apply to the present case the principles set out above.

2. Application of these principles in the present case
36. The grant of the licence to which the applicant claimed to be entitled was one of the conditions for the exercise of part of his activities as a businessman. It was closely associated with the right to use one's possessions in conformity with the law's requirements. In addition, a licence of this kind has a proprietary character, as is shown, inter alia, by the fact that it can be assigned to third parties.
According to the Government, Mr. Benthem was prevented only from exploiting an LPG installation on a site of his own choosing, and could have obtained a licence for another locality. The Court is not persuaded by this argument: a change of this kind – which anyway would have involved an element of chance since it would have required a fresh application whose success was in no way guaranteed in advance – might have had adverse effects on the value of the business and of the goodwill and also on Mr. Benthem's contractual relations with his customers and his suppliers. This confirms the existence of direct links between the

grant of the licence and the entirety of the applicant's commercial activities.

In consequence, what was at stake was a 'civil' right, within the meaning of Article 6 para. 1 (art. 6-1). That provision was therefore applicable to the proceedings in the appeal to the Crown.

II. Compliance with article 6 para. 1 (art. 6-1)

37. In order to determine whether the proceedings complained of were in conformity with Article 6 para. 1 (art. 6-1), two institutions fall to be considered, namely the Administrative Litigation Division of the Council of State and the Crown.

A. The Administrative Litigation Division of the Council of State

38. The applicant relied on the fact that the Division merely tendered an advice, which had no binding force; in addition, it did not, in his submission, constitute an independent and impartial tribunal. On technical matters, it consulted the department of the competent Minister; the latter could request the Division to reconsider its draft Decree and was entitled, as a last resort, not to approve it. Moreover, the Division was not obliged to give its views within a specified time-limit and the text of its advice remained secret, being communicated neither to the appellant nor to the licence-holder nor to the issuing authority.

39. According to the Government, one had to look beyond the appearances in order to determine whether the proceedings in appeals to the Crown satisfied the requirements of Article 6 para. 1 (art. 6-1). Although the Division was not empowered to determine the dispute, it took cognisance of all the aspects of the case and not only of questions of law; in fact, it acted like a court, and only very rarely did the competent Minister not follow the Division's proposals to the letter.

40. The Court does not agree with this argument. It is true that, in order to decide whether the Convention rights have been infringed, one must frequently look beyond the appearances and the language used and concentrate on the realities of the situation (see, inter alia, as regards Article 5 para. 1 (art. 5-1), the Van Droogenbroeck judgment of 24 June 1982, Series A no. 50, p. 20, para. 38). However, a power of decision is inherent in the very notion of 'tribunal' within the meaning of the Convention (see the Sramek judgment of 22 October 1984, Series A no. 84, p. 17, para. 36). Yet the Division tenders only an advice. Admittedly, that advice is – as happened on the present occasion – followed in the great majority of cases, but this is only a practice of no binding force, from which the Crown can depart at any moment (see notably, *mutatis mutandis*, the de Jong, Baljet and van den Brink judgment of 22 May 1984, Series A no. 77, pp. 23-24, para. 48). The proceedings before the Administrative Litigation Division of the Council of State thus do not provide the 'determination by a tribunal of the matters in dispute' which is required by Article 6 para. 1 (art. 6-1) (see notably the above-mentioned Albert and Le Compte judgment, Series A no. 58, p. 16, para. 29 in fine).

B. The Crown

41. According to the applicant, the proceedings in appeals to the Crown were of an administrative and not of a judicial nature, since there was a review not only of the lawfulness but also of the expediency of the decisions challenged.

In the present case, the appellant was the Regional Health Inspector; his superior was the Director General for Environmental Protection, and that official was also responsible for the department dealing with appeals to the Crown. Again, the technical opinion on which the Royal Decree was based reflected the provisional view of the Ministry and not of independent and impartial experts.

42. For the Government, on the other hand, the Crown was here exercising a function of an essentially judicial nature. Save very exceptionally, it followed the advice tendered by the Administrative Litigation Division of the Council of State and, indeed, had done so on this occasion. As for the Regional Inspector, he acted independently of the Minister where the entering of appeals was concerned.

43. It is true that the Crown, unlike the Administrative Litigation Division, is empowered to determine the dispute, but the Convention requires more than this: by the word 'tribunal', it denotes 'bodies which exhibit ... common fundamental features', of which the most important are independence and impartiality, and 'the guarantees of judicial procedure'. The Court refers on this point to its established case-law, and notably to its De Wilde, Ooms and Versyp judgment of 18 June 1971 (Series A no. 12, p. 41, para. 78).

However, the Royal Decree by which the Crown, as head of the executive, rendered its decision constituted, from the formal point of view, an administrative act and it emanated from a Minister who was responsible to Parliament therefor. Moreover, the Minister was the hierarchical superior of the Regional Health Inspector, who had lodged the appeal, and of the Ministry's Director General, who had submitted the technical report to the Division.

Finally, the Royal Decree was not susceptible to review by a judicial body as required by Article 6 para. 1 (art. 6-1).

C. Conclusion

44. There was accordingly a violation of Article 6 para. 1 (art. 6-1).

III. Application of article 50 (art. 50)

45. Article 50 (art. 50) of the Convention reads as follows:
'If the Court finds that a decision or a measure taken by a legal authority or any other authority of a High Contracting Party is completely or partially in conflict with the obligations arising from the ... Convention, and if the internal law of the said Party allows only partial reparation to be made for the consequences of this decision or measure, the decision of the Court shall, if necessary, afford just satisfaction to the injured party.'

Mr. Benthem alleged that his bankruptcy and his divorce were directly attributable to the cancellation of the licence granted to him by the Weststellingwerf municipal authorities. Under these two heads, he sought 2,500,000 Guilders and 1,500,000 Guilders for pecuniary and non-pecuniary damage, respectively.

The applicant made no other claim, for example in respect of costs and expenses incurred in the proceedings. And 'in the context of Article 50 (art. 50), the Court normally looks only to the items actually claimed ... and, since no question of public policy is involved, will not of its own motion consider whether the applicant has been otherwise prejudiced' (see the Sunday Times judgment of 6 November 1980, Series A no. 38, p. 9, para. 14).

46. The Court observes that, as the Government pointed out, the LPG installation was in use until the beginning of 1984 (see paragraph 18 in fine above).There is nothing to prove that it was the Royal Decree at issue which occasioned Mr. Benthem's bankruptcy and divorce. In these circumstances, the finding of a breach of Article 6 para. 1 (art. 6-1) constitutes of itself, in the present case, sufficient just satisfaction.

For these reasons, the court

1. Holds by eleven votes to six that Article 6 para. 1 (art. 6-1) was applicable in the present case;
2. Holds by eleven votes to six that Article 6 para. 1 (art. 6-1) has been violated;
3. Holds unanimously that the foregoing finding constitutes of itself sufficient just satisfaction for the purposes of Article 50 (art. 50).

[...]

7. Hoge Raad (burgerlijke kamer)
18 november 1988, ECLI:NL:HR:1988:AD0506

ARUBAANSE VERKIEZINGSAFSPRAAK

De verkiezingsafspraak die strekt tot zetelafstand bij verlies van het partijlidmaatschap is in strijd met het in de Arubaanse Staatsregeling neergelegde beginsel van het vrije mandaat van de Statenleden, welk beginsel de publieke orde betreft. Ook de bepalingen van het Kiesreglement zijn van publieke orde, zodat daaraan niet bij overeenkomst de kracht kan worden ontnomen.

Hoge Raad der Nederlanden
Arrest in de zaak van:
1. Partido Democratico Arubano, gevestigd op Aruba,
2. Simon Berlinski,
3. Lucio Rafael Croes, beiden wonende op Aruba, Verzoekers tot cassatie, advocaat: Mr. J.L. de Wijkerslooth tegen
1. Asidro Arturo Oduber,
2. Santo Servito Thijssen,
3. Franklin Angel Jose Booi allen wonende op Aruba, Verweerders in cassatie, niet verschenen.

1. Het geding in feitelijke instanties

Met een op 15 september 1986 gedateerd verzoekschrift hebben verzoekers tot cassatie – verder aan te duiden met P.D.A. c.s. – zich gewend tot het Gerecht in Eerste Aanleg, zittingsplaats Aruba, met de vordering dat het Gerecht bij vonnis in kort geding, uitvoerbaar bij voorraad, verweerders in cassatie sub 1 en 2 zal bevelen om binnen twee dagen nadat het in deze te geven vonnis aan hen zal zijn betekend, althans binnen een door het Gerecht te achten redelijke termijn, bij de bevoegde instantie hun ontslag als lid van de Staten van Aruba in te dienen, alsmede verweerder in cassatie sub 3 zal veroordelen om zo er omstandigheden mochten ontstaan die het voor hem wel mogelijk maken zijn statenlidmaatschap te aanvaarden, zijn medewerking te verlenen, althans te gehengen en te gedogen dat Croes de statenzetel aanvaardt, het een en ander onder verbeurte door iedere gedaagde van een dwangsom van Afls.10.000,- per dag voor iedere dag of gedeelte daarvan welke verweerders in cassatie – verder te noemen Oduber c.s. – of een hunner in gebreke mochten blijven te voldoen aan het gegeven bevel c.q. vonnis.
Nadat Oduber c.s. tegen die vordering verweer hadden gevoerd, heeft het Gerecht bij vonnis van 2 oktober 1986 P.D.A. c.s. niet ontvankelijk verklaard.
Tegen dit vonnis hebben P.D.A. c.s. hoger beroep ingesteld bij het Gemeenschappelijk Hof van Justitie van de Nederlandse Antillen en Aruba op Aruba.

Bij vonnis van 20 januari 1987 heeft het Hof het vonnis van het Gerecht in Eerste Aanleg vernietigd, en opnieuw rechtdoende, de gevraagde voorzieningen geweigerd.
Het vonnis van het Hof is aan dit arrest gehecht.

2. Het geding in cassatie

Tegen het vonnis van het Hof hebben P.D.A. c.s. beroep in cassatie ingesteld. Het cassatierekest is aan dit arrest gehecht en maakt daarvan deel uit.
De zaak is voor P.D.A. c.s. toegelicht door Mr. H.C. Grootveld.
De conclusie van de Advocaat-Generaal Biegman-Hartogh strekt tot verwerping van het beroep.

3. Beoordeling van het middel

3.1 P.D.A. c.s. hebben hun vorderingen gebaseerd op een overeenkomst die zou zijn gesloten tussen P.D.A. en ieder van verweerders in het kader van de kandidaatstelling voor de op 22 november 1985 in het toenmalige eilandsgebied Aruba gehouden verkiezingen voor de Eilandsraad. Naar de stellingen van P.D.A. c.s. hield deze overeenkomst in dat een te bezetten zetel in de Eilandsraad wordt aangemerkt als een zetel behorende aan de P.D.A.; bracht zij bijgevolg voor Oduber en Thijssen – die destijds gekozen zijn verklaard en hun zetel in de Eilandsraad (inmiddels de Staten van Aruba) hebben ingenomen – de verplichting mee om, nu zij hebben bedankt als lid van de P.D.A., hun zetel in de Staten ter beschikking van die partij te stellen door ontslagname als Statenlid, en vloeit daaruit, voor zover hier van belang, voor Booi de verplichting voort om niet een aan de P.D.A. toekomende zetel te bezetten, indien de mogelijkheid daartoe zich in de toekomst zou voordoen.
De vorderingen strekken tot nakoming van de overeenkomst althans het teniet doen van de volgens P.D.A. c.s. onrechtmatige situatie, te weten het voortzetten van het Statenlidmaatschap door Oduber en Thijssen en de dreiging van het innemen van een Statenzetel door Booi, zulks terwijl zij geen lid meer zijn van de P.D.A.
3.2 Het Hof heeft, in het midden latend of de door P.D.A. c.s. gestelde en door Oduber c.s. ontkende tot aftreden verplichtende overeenkomst tot stand is gekomen, de gevraagde voorzieningen geweigerd op de grond dat die overeenkomst nietig is zodat daarvan geen nakoming kan worden gevorderd en handelen in strijd met die overeenkomst niet onrechtmatig is.
Zijn beslissing heeft het Hof, voor wat Oduber en Thijssen betreft, gebaseerd op zijn oordeel dat een dergelijke overeenkomst strijdt met het in de Staatsregeling neergelegde beginsel van het vrije mandaat van het Statenlid, welk beginsel de publieke orde betreft. Uit dit beginsel vloeit – aldus het Hof – voort dat de in de Staatsregeling vervatte regeling van de gevallen dat een Statenlid moet aftreden – waaronder een tot af-

treden verplichtende overeenkomst met zijn (vroegere) politieke partij niet is begrepen – als uitputtend moet worden beschouwd. Dit oordeel is juist; onderdeel 1 van het middel faalt derhalve.
Het Hof heeft voorts terecht geoordeeld dat de bepalingen van het indertijd geldende Kiesreglement van publieke orde zijn zodat daaraan niet bij overeenkomst de kracht kan worden ontnomen, en dat die bepalingen geen ruimte laten voor een afspraak als volgens de stellingen van P.D.A. c.s. met Booi is gemaakt, zodat ook die afspraak als nietig moet worden beschouwd. Alle klachten van onderdeel 2 stuiten daarop af.

4. Beslissing
De Hoge Raad:
verwerpt het beroep;
veroordeelt P.D.A. c.s. in de kosten van het geding in cassatie, tot aan deze uitspraak aan de zijde van van Oduber c.s. begroot op nihil.

Mr. Biegman-Hartogh
Conclusie inzake:
1. Partido Democratico Arubano
2. S. Berlinski
3. L.R. Croes
tegen
1. A.A. Oduber
2. S.S. Thijssen
3. F.A.J. Booi

Edelhoogachtbaar College,
1. In november 1985 zijn in Aruba verkiezingen gehouden voor de toenmalige Eilandsraad, thans (sinds 1-1-1986) de Staten van Aruba. Verzoekster tot cassatie sub 1, de PDA, heeft bij deze verkiezingen twee zetels behaald. Op haar kandidatenlijst stonden de namen van verzoekers sub 2 en 3 en van de drie verweerders, en wel nr. 1 Berlinski, nr. 2 Booi, nr. 3 Oduber, nr. 4 Thijssen en nr. 5 Croes. Daar Berlinski (wegens onverenigbaarheid van functies) en Booi (wegens bloedverwantschap met een ander statenlid) de zetels niet hebben aanvaard, zijn deze ingenomen door Oduber en Thijssen. In augustus 1986 hebben Oduber en Thijssen (tezamen met anderen, waaronder Booi) hun lid-maatschap van de PDA opgezegd, waarop de PDA hen heeft gemaand hun zetel ter beschikking te stellen. Dit hebben zij geweigerd.
Daarop hebben de PDA, Berlinski en Croes de rechter in kort geding gevraagd Oduber en Thijssen te bevelen ontslag te nemen als lid van de Staten van Aruba, en Booi te bevelen om, indien een zetel voor hem beschikbaar zou komen, deze niet te aanvaarden, een en ander op straffe van een dwangsom.
Het gerecht in eerste aanleg van Aruba heeft in dit geschil over kiesrecht zichzelf bevoegd, doch eisers niet ontvankelijk verklaard in hun vordering.

Het gemeenschappelijk hof van justitie van de Nederlandse Antillen en Aruba heeft op 20-1-1987 het vonnis in eerste aanleg vernietigd en de vorderingen afgewezen.
2. Het cassatieberoep in dit kort geding is binnen 45 dagen, dus tijdig, ingesteld. Zie de Cassatieregeling voor de Nederlandse Antillen en Aruba art. 4 (zie voor de naam van deze regeling art. 19 lid 1) in Kluwers Wetgeving B, VI C nr. 10, juncto de artt. 235 en 264 Rv. Ned. Antillen, van toepassing krachtens de Samenwerkingsregeling Ned. Antillen en Aruba (Pb. 1985, 88, AB, 28), art. 5, aanhef en sub 3., jo. art. 67, lid 1, aanhef en sub a en b, welke Samenwerkingsregeling is te vinden in 'De Rechtsorde in het Koninkrijk der Nederlanden, de basisregelingen' (hierna aan te duiden als Rechtsorde; het is een uitgave van het Kabinet voor Nederlands-Antilliaanse en Arubaanse Zaken) 1986 p. 157 e.v. In dezelfde zin over de hier bedoelde cassatietermijn de conclusie van de A-G mr. ten Kate sub 2 en 3 voor HR 14-10-1983 *NJ* 1984, 131.
Verzoekers hebben een middel aangevoerd dat uit twee onderdelen bestaat, elk onderdeel bevat enkele subonderdelen. Verweer is in cassatie niet gevoerd.
3. Gezien de uitspraak van uw Raad in HR 26-3-1971, *NJ* 1971, 434, AB 1971, 135 met de conclusie van de P-G mr. Langemeijer t.a.v. het eerste middel en de noot van Veegens; AA 1972, 149 met noot Jeukens, inzake de Elslose (Elsloose?) verkiezingsafspraak zou de vraag kunnen rijzen of de burgerlijke (kort geding-) rechter in casu wel tot oordelen bevoegd is; Jeukens in zijn noot onder genoemd arrest (in AA 1972 p. 155 e.v., nr. 1-3 en 5) achtte toen gegeven onbevoegdverklaring betwistbaar, en ook anderen, waaronder E.J. Dommering, Mon. Nieuw BW A-7, 1982 p. 30/31, hadden critiek; vergelijk voorts r.o. 3.2 van HR 10-4-1987 *NJ* 1988, 148 WHH met gegevens in mijn conclusie voor dit arrest op p. 626 lk.
In Nederland wordt de algemene bevoegdheidsvraag getoetst aan art. 2 RO: gaat het om een geschil over 'eigendom of daaruit voortspruitende rechten, over schuldvorderingen of burgerlijke rechten'? In het in de Ned. Antillen en Aruba geldende art. 1 RI echter luiden de laatste woorden: 'schuldvorderingen en andere burgerlijke rechten'. E. Monte, Antilliaans procesrecht, diss. Leiden 1955 p. 41-43 leidt hieruit af dat het bevoegdheidsgebied van de Antilliaanse rechter tegenover de administratie kleiner is dan dat van de Nederlandse rechter, zodat de burger daar minder bescherming geniet tegenover zijn administratie dan die in Nederland. In de Staatsregeling van Aruba, art. VI.3 lid 1 (Rechtsorde, p. 145) en in de Samenwerkingsregeling, art. 42 lid 1 (Rechtsorde, p. 164) wordt gesproken over 'geschillen over burgerlijke rechten en over schuldvorderingen', terwijl in het vierde lid van beide artikelen geschillen over (o.m.) het kiesrecht aan de rechterlijke macht worden opgedragen, wanneer

niet bij landsverordening anders is bepaald. De rechter mag evenwel – behoudens t.a.v. de grondrechten – de landsverordeningen niet toetsen aan het in deze beide regelingen bepaalde, zie art. VI.4 Stsataregeling resp. art. 41A Samenwerkingsregeling.

4. Hoe dit echter ook zij, naar ik meen behoeft een en ander thans geen bespreking, aangezien het Uw Raad, oordelend over burgerlijke zaken, niet vrijstaat ambtshalve buiten de cassatiemiddelen om te casseren, zelfs niet als het gaat om een vraag van openbare orde. Zie art. 419 lid 1 Rv.: 'De Hoge Raad bepaalt zich bij zijn onderzoek tot de middelen waarop het beroep steunt', waarover de conclusie van de P-G mr. Besier voor, en de noot van Meijers sub 3 onder HR 29-1-1937 NJ 1937, 570 en HR 24-6-1977 NJ 1979, 49 met de conclusie van de toenmalige A-G mr. Berger en de noot van Heemskerk; anders echter HR (derde kamer) 24-12-1986 NJ 1987, 903 met noot van Maeijer. Zie voorts Van Rossem-Cleveringa deel I, 1972 aant. 1 ad art. 419, Veegens, Cassatie, 1971 nr. 148 en Burgerlijke Rechtsvordering (E. Korthals Altes) aant. 1 ad art. 419.

G.J. Wiarda, preadvies NJV, Hand. 1978 dl. 1, tweede stuk, p. 92/93 is van oordeel dat de uitsluiting van ambtshalve cassatie in lid 1 van art. 419 Rv. dient te worden gehandhaafd: hij acht de voordelen hiervan zwaarder wegen dan de nadelen. Zo ook Pels Rijcken in RM Themis 1987 p. 180182 en p. 188/189.

Nu de bevoegdheidsvraag door het middel niet aan de orde is gesteld laat ik deze verder rusten.

5. M.b.t. de aan uw Raad voorgelegde rechtsvraag het volgende. Uw Raad heeft zich – voor zover mij bekend – nog niet eerder uitgesproken over de afdwingbaarheid van partij-afspraken als de onderhavige; wel deed dit de Afd. Rechtspraak van de Raad van State sinds Arob-beroep tegen bepaalde kiesrechtbeslissingen is opengesteld.

In de Eerste Kamer (1981-1982, Aanhangsel p. 29/30) is door de heer Vis (D'66) (o.m.) de vraag gesteld of staatsrechtelijk aanvaardbaar is een afspraak tussen de Kiesraad en het partijbestuur van het C.D.A. betreffende het ac-cepteren door de Kiesraad van volmachten, welke door C.D.A.-kandidaten voor de Eerste Kamer zouden zijn verleend aan de secretaris van het C.D.A. Het antwoord van de Regering luidde bevestigend.

In een geval echter waarbij de betrokkene een volmacht tot het doen van afstand daags na de verkiezing had inge-trokken, aan welke intrekking het stembureau was voorbijgegaan, is de Afd. Rechtspraak (RvS 18-6-1982 AN 1983, 41) uitdrukkelijk niet getreden in de vraag of appellant zich tegenover het C.D.A. nog vrij kon achten zijn benoeming al dan niet te aanvaarden, maar de Afdeling was wèl van oordeel dat het stembureau ten onrechte de afstandsverklaring bij volmacht geldig had geacht en vervolgens toepassing had gegeven aan art. V 1 Kieswet (een soortgelijke bepaling als

art. 134 van het Kiesreglement Staten en Eilandsraden, Landsverordening van 1-3-1973 Pb. 1973 nr. 27, thans art. 114 van de Kiesverordening van 3-11-1987, Afkondigingsblad van Aruba 1987 no. 110). En in RvS 6-9-1982 AB 1983, 114 luidde het oordeel dat aan de bepalingen van de Kieswet niet bij overeenkomst de kracht kan worden ontnomen. Zie ook de noten van Drs. A.O. Eskes onder beide beslissingen.

6. Wat betreft de schrijvers over dit onderwerp: men kan erover twisten – en men doet dat ook – of verkiezingsaf-spraken zoals hier aan de orde wegens strijd met de Kieswet achterwege behoren te blijven, en of een gekozene die uit 'zijn' partij treedt, al dan niet een morele of fatsoensverplichting heeft om zijn zetel ter beschikking te stellen; onder de thans te noemen schrijvers trof ik er echter geen aan die deze verplichting als rechtens afdwingbaar beschouwt. Men acht het onjuist als degene die krachtens de regels van de op de Grondwet berustende Kieswet door (een evenredig deel van) alle kiezers is gekozen, buiten de Kieswet om door een bepaalde groep van kiezers weer zou kunnen worden afgezet. Zie naast het boven sub 3 reeds genoemde commentaar op het arrest van 1971: J.P. Hooykaas, Ars Aequi 1959 p. 248-251, P.J. Boukema, Vragen van Partijrecht, Openbare les VU, 1968 p. 11-17, J.R. Stellinga, De rechter tegenover een afspraak tussen kandidaten van de gemeenteraad, TvO 1971 p. 220-222, F.A. Helmstrijd, Geen dwang van de burgerlijke rechter tot nakoming van afspraken, enz., De Gemeentestem 1971 nr. 6142 p. 141/142, B.W. Schaper, Om de fundamenten onzer democratie, Socialisme en Democratie 1974 p. 93-96, met een antwoord van Jaap van den Bergh en Pierre Janssens, 'Recall' niet herroepen, Socialisme en Democratie 1974 p. 147 e.v. (p. 154), voorts A.C.P. van den Broek, Recallrecht in het licht van de representatie, hfdst. 4 en 5 p. 27 e.v. (p. 29), N.J.P. Giltay Veth, Verkiezingskandidaten, rechtsgeldig te binden? Bundel Non sine causa, 1979 p. 87-101, D.J. Elzinga, De politieke partij en het constitutionele recht, diss. Utrecht, 1982 p. 91 e.v. (p. 103 en 111), 194, 198/199, 201-205 en 209, I. Lipschits in 'Leden van de Staten-Generaal, ...', 1981 p. 215 e.v., H. van den Brink, Recht voor politieke partijen, 1982 p. 17-22 met noot 49 op p.139 en p. 60-62, besproken door A. Postma in Bestuurswetenschappen, 1983 p. 222-225, Van der Pot-Donner, Handboek van het Nederlandse Staatsrecht, 1983 p. 372/373 en tenslotte W.A. Luiten, Een inleiding tot het Antilliaanse staatsrecht, 1983 p. 95/96.

7. In het licht van het bovenstaande meen ik dat het aangevoerde middel in geen van zijn onderdelen tot cassatie zal kunnen leiden. Miskend wordt m.i., in het bijzonder sub 1.2 en 2.2, dat het er hier niet om gaat of het al dan niet is toegestaan afspraken als de onderhavige te maken of overeenkomsten in die zin te sluiten: het gaat er in dit geding om of van dergelijke

33

afspraken of overeenkomsten in rechte (met vrucht) nakoming kan worden gevorderd. En de doctrine is, voor zover ik heb gezien unaniem, van mening dat een dergelijke vordering niet voor toewijzing vatbaar is wegens strijd met ons (grond)wettelijk kiesstelsel, c.q. met de Staatsregeling in verband met het Kiesreglement resp. de Kiesverordening van Aruba. Uit de bovengenoemde beslissingen van de Afd. Rechtspraak van 18-6 en 6-9-1982 kan men m.i. eenzelfde oordeel afleiden.

Op dit oordeel moeten, naar ik meen, zowel de eerste klacht van subonderdeel 1.1 van het middel als het in subon-derdeel 1.2 aangevoerde afstuiten. De tweede klacht onder 1.1 voldoet m.i. niet aan het bepaalde in art. 407 lid 2 resp. 426a lid 2 Rv., nu niet wordt aangegeven welke regels van geschreven en ongeschreven recht hier worden bedoeld.

Subonderdeel 1.3 berust op de veronderstelling dat 's hofs weigering van de gevraagde voorzieningen was gegrond op het publiekrechtelijk of het niet-vermogensrechtelijk karakter van de overeenkomst. Naar mijn mening gaat deze veronderstelling uit van een verkeerde lezing van het vonnis en mist de klacht dus feitelijke grondslag.

8. Indien ook uw Raad onderdeel 1 ongegrond acht, hebben verzoekers m.i. bij onderdeel 2 geen belang: als Oduber en Thijssen niet verplicht kunnen worden hun zetel ter beschikking te stellen (de PDA kreeg immers maar twee zetels), heeft een bevel aan Booi om een zetel te weigeren geen zin.

Overigens moeten de beide subonderdelen van onderdeel 2 naar mijn mening falen om dezelfde reden als die van onderdeel 1, terwijl ook de motiveringsklacht faalt: 's hofs beslissing is niet onbegrijpelijk en in dit kort geding zeker niet onvoldoende met redenen omkleed.

9. Daar ik geen van de onderdelen van het middel gegrond acht, concludeer ik tot verwerping van het beroep.

De Procureur-Generaal bij de Hoge Raad der Nederlanden

8. Hoge Raad (burgerlijke kamer)
26 januari 1990, ECLI:NL:HR:1990:AC0965

WINDMILL

Mag de overheid, ingeval haar bij een publiekrechtelijke regeling ter behartiging van zekere belangen bepaalde bevoegdheden zijn toegekend, die belangen ook behartigen door gebruik te maken van haar in beginsel krachtens het privaatrecht toekomende bevoegdheden? Wanneer de betrokken publiekrechtelijke regeling daarin niet voorziet, is voor de beantwoording van deze vraag beslissend of gebruik van de privaatrechtelijke bevoegdheden die regeling op onaanvaardbare wijze doorkruist.

Hoge Raad der Nederlanden
Arrest in de zaak van:
De Staat der Nederlanden, (Ministerie van Financiën), waarvan de zetel is gevestigd te 's-Gravenhage,
Eiser tot cassatie, incidenteel verweerder,
advocaat: Mr. J.L. de Wijkerslooth,
tegen
Windmill Holland B.V.,
gevestigd te Vlaardingen,
Verweerster in cassatie,
incidenteel eiseres,
advocaat: Jhr.Mr. O. de Savornin Lohman.

1. Het geding in feitelijke instanties

Eiser tot cassatie – verder te noemen de Staat – heeft bij exploot van 4 juni 1985 verweerster in cassatie – verder te noemen Windmill – op verkorte termijn gedagvaard voor de President van de Rechtbank te Rotterdam en gevorderd Windmill te verbieden uiterlijk vier weken na betekening van het te dezen te wijzen vonnis gipsslurry te lozen of doen lozen op het de Staat in eigendom toebehorende water, de Nieuwe Waterweg, zolang Windmill niet in het bezit is van een privaatrechtelijke vergunning tot het gebruik van dit water tegen betaling van een jaarlijkse vergoeding per m3 geloosd gipsslurry van ƒ 1,25.
Nadat Windmill tegen de vordering verweer had gevoerd, heeft de Rechtbank bij vonnis van 22 november 1985 de vordering van de Staat afgewezen.
Tegen dit vonnis heeft de Staat hoger beroep ingesteld bij het Gerechtshof te 's-Gravenhage.
Bij arrest van 21 januari 1988 heeft het Hof het bestreden vonnis van de Rechtbank bekrachtigd.
Het arrest van het Hof is aan dit arrest gehecht.

2. Het geding in cassatie

Tegen het arrest van het Hof heeft de Staat beroep in cassatie ingesteld, waarna Windmill voorwaardelijk incidenteel beroep heeft ingesteld. De cassatiedagvaarding en de conclusie houdende het voorwaardelijk incidenteel beroep zijn aan dit arrest gehecht en maken daarvan deel uit.
Partijen hebben over en weer geconcludeerd tot verwerping van de beroepen.
De zaak is voor partijen toegelicht door hun advocaten.
De conclusie van de Advocaat-Generaal Mok strekt tot verwerping van het principaal beroep.

3. Beoordeling van de middelen

3.1 Bij de beoordeling van het middel in het principale beroep moet van het volgende worden uitgegaan:
– Windmill loost als eigenares van een fabriek die reeds gedurende vele jaren fosfaathoudende meststoffen produceert, jaarlijks een hoeveelheid afvalgips in slurryvorm in de aan de Staat in eigendom toebehorende Nieuwe Waterweg; het afvalgips is aan te merken als een niet-zuurstofbindende stof.
– Windmill heeft de hiervoor benodigde vergunningen, zowel krachtens de Rivierenwet als krachtens de Wet verontreiniging oppervlaktewateren (WVO).
– Er behoeft als gevolg van de lozingen niet meer of frequenter gebaggerd te worden dan zonder de lozingen het geval geweest zou zijn.
De Staat heeft tegen Windmill een verbod gevorderd de gipsslurry te lozen of te doen lozen op de Nieuwe Waterweg, zolang Windmill niet in het bezit is van een door de Staat als eigenaar van de Nieuwe Waterweg te verlenen 'privaatrechtelijke vergunning' tot het gebruik van dit water tegen betaling van een jaarlijkse vergoeding van ƒ 1,25 per kubieke meter geloosd gipsslurry. Daarbij heeft de Staat zich op het standpunt gesteld dat er tegen die lozingen op zichzelf geen bezwaar bestaat, maar dat het hem erom gaat voor die lozingen evenbedoeld bedrag in rekening te brengen.
Rechtbank en Hof hebben deze vordering afgewezen.
3.2 In rechtsoverweging 11 heeft het Hof geoordeeld dat de publiekrechtelijke regeling van de WVO 'een privaatrechtelijke benadering zoals door de Staat verlangd' uitsluit. De onderdelen 3 en 4 komen hiertegen op. Bij de beoordeling hiervan moet het volgende worden vooropgesteld.
Het gaat hier om de vraag of de overheid, ingeval haar bij een publiekrechtelijke regeling ter behartiging van zekere belangen bepaalde bevoegdheden zijn toegekend, die belangen ook mag behartigen door gebruik te maken van haar in beginsel krachtens het privaatrecht toekomende bevoegdheden, zoals aan het eigendomsrecht ontleende bevoegdheden, de bevoegdheid overeenkomsten naar burgerlijk recht te sluiten of de bevoegdheid een vordering op grond van een jegens haar gepleegde onrechtmatige daad bij de burgerlijke rechter in te stellen. Wanneer de betrokken publiekrechtelijke regeling daarin niet voorziet, is voor de beantwoording van deze vraag beslissend of gebruik

van de privaatrechtelijke bevoegdheden die regeling op onaanvaardbare wijze doorkruist. Daarbij moet onder meer worden gelet op inhoud en strekking van de regeling (die mede kan blijken uit haar geschiedenis) en op de wijze waarop en de mate waarin in het kader van die regeling de belangen van de burgers zijn beschermd, een en ander tegen de achtergrond van de overige geschreven en ongeschreven regels van publiek recht. Van belang is voorts of de overheid door gebruikmaking van de publiekrechtelijke regeling een vergelijkbaar resultaat kan bereiken als door gebruikmaking van de privaatrechtelijke bevoegdheid, omdat, zo zulks het geval is, dit een belangrijke aanwijzing is dat geen plaats is voor de privaatrechtelijke weg.

3.3 Tegen deze achtergrond kan over de WVO dit worden gezegd.

Uitgangspunt van de wet (art. 1) is dat het zonder vergunning van het bevoegde gezag – ten aanzien van oppervlaktewateren onder beheer van het Rijk de Minister van Verkeer en Waterstaat – verboden is langs kunstmatige weg hinderlijke en schadelijke stoffen in oppervlaktewateren te brengen. In art. 1 in verbinding met Hoofdstuk IV ligt besloten dat aan de vergunning niet als voorschrift betaling van een vergoeding kan worden verbonden. Wat betreft de rechtsbescherming is hier de Wet algemene bepalingen milieuhygiëne van toepassing.

Nu het, zoals hiervoor in 3.1 is overwogen, de Staat erom gaat door middel van de 'privaatrechtelijke vergunning' aan Windmill een heffing op te leggen, is in het bijzonder van belang hetgeen in Hoofdstuk IV omtrent heffingen en bijdragen is bepaald. In art. 17 wordt onder meer aan de Staat (het Rijk) de bevoegdheid gegeven ter bestrijding van de kosten van maatregelen tot het tegengaan en het voorkomen van verontreiniging van oppervlaktewateren heffingen in te stellen ten laste van – kort gezegd – degenen die afvalstoffen, verontreinigende of schadelijke stoffen lozen in oppervlaktewateren. De artt. 18 en 19 bevatten een regeling omtrent de grondslag en maatstaf van deze heffingen, welke regelingen als het betreft oppervlaktewateren onder beheer van het Rijk zijn uitgewerkt in het Uitvoeringsbesluit verontreiniging rijkswateren.

Art. 19 lid 7 bepaalt dat jaarlijks voor andere dan zuurstofbindende stoffen het per gewichtseenheid verschuldigde bedrag voor elke soort van deze stoffen bij algemene maatregel van bestuur wordt vastgesteld; de voordracht voor deze algemene maatregel van bestuur wordt ingevolge art. 19 lid 9 in verbinding met art. 1 lid 6 gedaan door de Minister van Verkeer en Waterstaat in overeenstemming met de Minister van Volksgezondheid en Milieuhygiëne, de Raad van de Waterstaat gehoord. Ingevolge art. 20 lid 2 zijn op de heffing en invordering ten behoeve van het Rijk in beginsel onder meer de Algemene wet inzake rijksbelastingen en de Wet administratieve rechtspraak belastingzaken van overeenkomstige toepassing. En tenslotte heeft, zoals het Hof in rechtsoverweging 10 uiteenzet, de wetgever ook ten aanzien van de heffingen en bijdragen een coördinerend beleid voor ogen gestaan.

3.4 Een en ander noopt tot de slotsom dat de regeling van de WVO op onaanvaardbare wijze zou worden doorkruist wanneer de Staat, die als beheerder van een oppervlaktewater als de Nieuwe Waterweg aan de WVO de bevoegdheid ontleent tot het verlenen van vergunning voor en het instellen van een heffing ter zake van lozing in dat water van in die wet bedoelde stoffen, op grond van zijn eigendom van dat water bevoegd zou zijn om die lozing afhankelijk te stellen van zijn al dan niet, of eventueel slechts tegen betaling te verlenen toestemming. In het bijzonder is onaanvaardbaar dat de Staat op deze wijze de regeling omtrent de grondslag, de maatstaf en het bedrag van de heffing zou kunnen ontgaan en dat het krachtens de WVO bij vergunningverlening en heffing voorziene stelsel van rechtsbescherming – dat de burger meer waarborgen biedt dan het privaatrecht – buiten toepassing zou moeten blijven. Voorts zou afbreuk worden gedaan aan de door de WVO voorziene bevoegdheidsverdeling binnen de overheid, terwijl, zoals het Hof heeft uiteengezet, de coördinatie van beleid in het gedrang zou kunnen komen.

In het midden kan hierbij blijven of al het vorenstaande ook zou gelden als de lozing tot extra-baggerkosten voor de Staat zou leiden. Vast staat immers dat dit geval zich niet voordoet.

Op het vorenstaande stuit onderdeel 3 af.

3.5 Aan de slotsom dat de WVO op onaanvaardbare wijze zou worden doorkruist door gebruikmaking van het eigendomsrecht doet niet af dat de op grond van art. 17 lid 7 vast te stellen heffingsvoorschriften, wat de niet-zuurstofbindende stoffen betreft, nimmer zijn uitgevaardigd, zodat de onderhavige lozingen, die betrekking hebben op zulke niet-zuurstofbindende stoffen, voorshands niet door heffingen worden getroffen. Weliswaar brengt dit mede dat de Staat vooralsnog niet op grond van de WVO een vergelijkbaar resultaat kan bereiken als hij op grond van zijn eigendomsrecht zou kunnen bereiken, maar dit doet hier niet ter zake. Dit is immers uitsluitend het gevolg van de omstandigheid dat deze heffingsvoorschriften nog steeds niet door de Staat tot stand zijn gebracht, een omstandigheid die aan de Staat is toe te rekenen en die niet strookt met de WVO, die klaarblijkelijk ervan uitgaat dat deze heffingsvoorschriften binnen betrekkelijk korte tijd na de inwerkingtreding van de wet tot stand zouden worden gebracht.

Onderdeel 4 faalt derhalve eveneens.

3.6 De onderdelen 1 en 2 richten zich tegen rechtsoverweging 7, waarin het Hof – kort samengevat – oordeelt dat op de Nieuwe Waterweg een publieke last rust op grond waarvan de eigenaar moet dulden dat afvalstoffen van organische aard en chemische afvalstoffen worden geloosd. Deze onderdelen behoeven geen behandeling, wat er ook zij van 's Hofs oordeel. In hetgeen hiervoor is overwogen ligt immers besloten dat de Staat, wanneer hij, zoals hier aan Windmill, op grond van de WVO een vergunning tot lozing van bepaalde stoffen in de Nieuwe Waterweg heeft verleend, ook in zijn hoedanigheid van eigenaar van de Nieuwe Waterweg heeft te dulden dat die stoffen door de vergunninghouder worden geloosd.

3.7 Nu het principale beroep niet tot cassatie kan leiden, is niet voldaan aan de voorwaarde waaronder het incidentele beroep is ingesteld. Dit beroep behoeft derhalve geen behandeling.

4. Beslissing

De Hoge Raad: verwerpt het principale beroep; veroordeelt de Staat in de kosten van het geding in cassatie, tot op deze uitspraak aan de zijde van Windmill begroot op ƒ 456,30 aan verschotten en ƒ 2.500,- voor salaris.

9. Hoge Raad (burgerlijke kamer)
7 oktober 1994, ECLI:NL:HR:1994:ZC1473

ZOMERHUISJE NIEUWVEEN

Civielrechtelijke handhaving van overtreding bestemmingsplanvoorschriften mogelijk? Voor de ontvankelijkheid van de vordering, in kort geding en op grondslag van onrechtmatige daad (artikel 6:162 BW), is niet vereist dat de gemeente een civielrechtelijk belang aan haar vordering ten grondslag legt, maar hoeft slechts te worden voldaan aan de eis van een voldoende belang, zoals is neergelegd in artikel 3:303 BW. De Hoge Raad beantwoordt de vraag of de privaatrechtelijke handhavingsweg mag worden gevolgd aan hand van de doorkruisingsleer uit het Windmill-arrest. In casu is geen sprake van onaanvaardbare doorkruising van de publiekrechtelijke handhavingsweg omdat het gemeentebestuur op het moment dat werd besloten tot handhaving (nog) niet beschikte over de (publiekrechtelijke) bevoegdheid tot oplegging van een dwangsom.

Arrest in de zaak van:
1. Hendrikus Johannes Antonius van Schaik, en
2. Jolanda Aleida van Graafeiland, echtgenote van Van Schaik, te Uithoorn, eisers tot cassatie, incidenteel verweerders, adv. mr. G.C.W. van der Feltz,
tegen
De gemeente Nieuwveen, te Nieuwveen, verweerster in cassatie, incidenteel eiseres, adv. mr. K.M. van Holten.

Cassatiemiddelen in het principaal beroep:
Om de redenen, uiteengezet in de hiernavolgende, zo nodig in hun onderlinge samenhang te beoordelen, middelen en onderdelen daarvan, menen eisers tot cassatie, hierna: 'Van Schaik', dat het hof het recht heeft geschonden en/of op straffe van nietigheid in acht te nemen vormen heeft verzuimd, door op de daarvoor in zijn arrest gegeven gronden, waarnaar hier moge worden verwezen, te bekrachtigen het in appèl bestreden vonnis,
inhoudende:
– het bevel aan Van Schaik om het permanente gebruik van het zomerhuis aan de Dolce Vita 28 te Nieuwveen uiterlijk op 1 april 1992 te beëindigen,
– dit op straffe van verbeurte van een dwangsom van ƒ 250 voor iedere dag dat Van Schaik dit bevel zou overtreden,
– met veroordeling van Van Schaik in de proceskosten, met dien verstande, dat het hof '1 april 1992' wijzigde in '15 okt. 1993', de dwangsom maximeerde op ƒ 50 000 en dat het hof de woorden 'permanent gebruik' in het bevel van de president de volgende inhoud geeft:

zowel het gebruik van het zomerhuis voor bewoning door het gezin ... (Van Schaik), zonder dat dit gezin elders zijn hoofdverblijf heeft als het gebruik daarvan anders dan voor bewoning gedurende een gedeelte van het jaar, overwegend het zomerseizoen van 15 maart tot 15 okt.

Middel I:
a. Naar aanleiding van grief II overweegt het hof in afwijking van het terzake door verweerster in cassatie ('de gemeente') ingenomen (althans aanvankelijk ingenomen) standpunt in rechtsoverweging 3 terecht:
dat het algemeen belang dat voor elk overheidslichaam is betrokken bij de naleving van de door dat lichaam uitgevaardigde wettelijke voorschriften op zichzelf niet behoort tot de belangen die art. 6:162 BW beoogt te beschermen.
Strijdig met het recht, althans onvoldoende met redenen omkleed, althans onbegrijpelijk in het licht van wat in de feitelijke instanties naar voren was gebracht, is de overweging, die het hof daarop laat volgen (nummering i tot en met v toegevoegd, layout gewijzigd, GF):
Anders dan appellanten menen, heeft de gemeente daarnaast echter een concreet belang aan haar vordering ten grondslag gelegd dat wel onder de bescherming van voormeld wetsartikel valt, namelijk
I) het vervallen van de inkomsten van de woonforensenbelasting waartegen de extra inkomsten van de algemene uitkering uit het gemeentefonds niet opwegen,
II) de extra druk op de ambtelijke en bestuurlijke organisatie in voorkomend geval door aanvragen om bijstandsuitkeringen, extra bouwaanvragen alsmede de hiermede samenhangende bezwaarschriften procedures en controles door bouw- en woningtoezicht,
III) de extra verontreiniging van het oppervlaktewater,
IV) het extra gebruik van de toevoerwegen en
V) een beroep op de plaatselijke, krappe woningmarkt.
Vooralsnog acht het hof deze belangen voldoende reëel en concreet om een vordering ingevolge art. 6:162 BW te wettigen.
Het hof beoordeelt in rechtsoverweging 3 de ontvankelijkheidsvraag, of de als i t/m v omschreven 'belangen' zodanig concreet zijn, dat art. 6:162 BW geacht kan worden mede ter bescherming van die belangen te zijn geschreven ('de eis van het o.d.-belang').
b. Overweging 3 is strijdig met het recht:
De hier door het hof genoemde belangen betreffen zonder uitzondering de kern van de publieke taak van de overheid tegenover haar burgers. Deze belangen zijn daarnaast niet in de eerste plaats financieel van aard of eenvoudig op financiële basis te waarderen. Dergelijke belangen kunnen bij iedere overtreding van voorschriften worden genoemd, daarmee kunnen ze

echter nog niet gelden als het vereiste concrete belang, dat art. 6:162 beoogt te beschermen. Ze zijn niet meer dan een nadere uitwerking van het algemene belang, dat de gemeente Nieuwveen erbij heeft, dat haar bestemmingsplanvoorschrift wordt nageleefd. Het zijn niet: zelfstandige concrete belangen.

b1. Het hof diende zich af te vragen of de gestelde belangen naar hun aard behoren tot de belangen die art. 6:162 beoogt te beschermen. Het hof heeft een verkeerde maatstaf gehanteerd, door zich te beperken tot de vaststelling, dat de gestelde belangen (voldoende) 'reëel en concreet' zijn. Door zich aldus te beperken heeft het hof een verkeerde maatstaf gehanteerd.

b2. Voorzover de vaststelling van het hof, dat de gestelde belangen (voldoende) reëel en concreet zijn geacht moet worden te omvatten het oordeel, dat die belangen naar hun aard door art. 6:162 BW worden beschermd, moet worden vastgesteld, dat zijn oordeel onjuist is. Het hof ontneemt aan de eis van het o.d.-belang iedere praktische betekenis door de door de gemeente gestelde belangen – die zeer algemeen en publiekrechtelijk van aard zijn – te beschouwen als voldoende om te beantwoorden aan de eis van het o.d.-belang.

c. Het hof verzuimt althans om voldoende inzicht te geven in de gedachtengang, volgens welke de gestelde belangen volstaan om te voldoen aan de eis van het o.d.-belang:

Uit de processtukken valt niet op te maken, hoe het hof heeft vastgesteld, dat de door de gemeente genoemde belangen (i t/m v) daadwerkelijk bestaan en dat die belangen het gevolg zijn van permanent gebruik van de zomerwoning.

De enkele stelling, dat 'illegale' bewoners wel (althans: meer dan recreanten) druk leggen op het voorzieningenpakket van de gemeente (productie 6 van de gemeente in eerste aanleg, p. 4 inhoudende een verwijzing naar een niet overgelegde provinciale notitie en p. 18) is daartoe onvoldoende, zeker in het licht van hetgeen gesteld wordt op p. 5 van die productie:

Personen, die niet in de gemeente als inwoner staan ingeschreven kunnen in principe geen gebruik maken van de infrastructuur van de gemeente, sociale voorzieningen e.d.

De door de gemeente genoemde belangen zijn daarmee veeleer het gevolg van de inschrijving van Van Schaik bij de burgerlijke stand van Nieuwveen, dan gevolg van het permanent gebruik van een zomerwoning. Gesteld noch gebleken is, dat die inschrijving het noodzakelijk gevolg is van het feitelijk permanent gebruik van de zomerwoning. Bovendien heeft het hof – naar aanleiding van wat door Van Schaik ten processe is gesteld – vastgesteld, dat ten tijde van de behandeling in hoger beroep van Schaik ingeschreven stond in Uithoorn. Op dat moment kon er derhalve – naar de eigen stellingen van de gemeente – niet langer sprake zijn van gebruik van Van Schaik van de infrastructuur, sociale voorzieningen etc. van Nieuwveen.

Zie: rechtsoverweging 8.

Middel II

a. In rechtsoverweging 4 onderzoekt het hof – naar aanleiding van het gestelde in grief I – of het de gemeente vrijstond de privaatrechtelijke weg te bewandelen, gelet op het feit, dat daarvoor een publiekrechtelijk alternatief bestond. Het hof oordeelt, dat de gemeente in deze juist heeft gehandeld omdat de privaatrechtelijke sanctie als minder ingrijpend en als meer passend moet worden beschouwd dan de publiekrechtelijke. Daarmee hanteert het hof een onjuist, althans een onvolledig criterium: het hof diende te onderzoeken of de publiekrechtelijke weg door de gevolgde privaatrechtelijke procedure op onaanvaardbare wijze werd doorkruist. Daartoe is niet alleen van belang wat de meest geëigende sanctie is, maar ook wat de inhoud en de strekking is van de toepasselijke publiekrechtelijke regeling en in het bijzonder of in de publiekrechtelijke procedure waarborgen zijn ingebouwd, ten behoeve van direct betrokkenen, maar mogelijk ook ten behoeve van derden, die de privaatrechtelijke weg niet kent. De verplichte maximering van de dwangsom is zo'n waarborg. Het hof miskende deze opdracht door uitsluitend stil te staan bij de mate van ingrijpendheid en de passendheid van de sancties in de alternatieve procedures.

b. In strijd met het recht, althans onvoldoende met redenen omkleed is voorts het oordeel van het hof, dat het privaatrechtelijk bevel (kortweg: om het zomerhuis anders dan als zomerhuis te gebruiken), ondersteund met een dwangsom een minder ingrijpend en passender instrument zou zijn, dan de aanzegging – eventueel: de toepassing – van (publiekrechtelijke) bestuursdwang. Het hof spreekt in dit verband als zijn verwachting uit, dat de publiekrechtelijke bestuursdwang alleen zou kunnen worden ingezet om (via verzegeling) volledige (permanente) ontruiming te bewerkstelligen, terwijl de gemeente op niet meer het oog heeft dan op ontruiming uitsluitend om een eind te maken aan gebruik anders dan als zomerhuis.

Door Van Schaik is uitdrukkelijk naar voren gebracht, dat hij de publiekrechtelijke weg beschouwde als een minder ingrijpende, in ieder geval: meer geëigende procedure.

Bij memorie van grieven (p. 3) heeft Van Schaik aangevoerd, dat bestuursdwang toegepast zou kunnen worden om een einde te maken aan het permanente gebruik, zonder het wel toegelaten gebruik daarmee uit te sluiten en zonder dat sprake zou zijn van een (on)gemaximeerde) dwangsom. Bij Pleidooi (Pleitnotities, p. 3, 4 eerste alinea) heeft Van Schaik deze stellingen herhaald.

Het hof geeft onvoldoende – zeker: onvoldoende in het licht van de hier aangehaalde stellingen van Van Schaik – aan, waarop zijn verwachting, dat via bestuursdwang alleen volledig zou kunnen worden ontruimd, is gestoeld en/of waarom bestuursdwang in dit opzicht (alleen een bepaald soort gebruik beëindigen) minder goed selectief zou kunnen worden ingezet, dan een door de civiele rechter gesanctioneerd bevel.

Cassatiemiddel in het incidenteel beroep:
Schending van het recht en/of verzuim van op straffe van nietigheid voorgeschreven vormen doordat het hof heeft overwogen en beslist als is vervat in het ten deze bestreden arrest, zulks ten onrechte in verband met de navolgende, mede in onderling verband in aanmerking te nemen, redenen:
1. Tussen partijen is in geschil de vraag vanaf welke datum Van Schaik en Graafeiland onrechtmatig handelen ten opzichte van de gemeente. Teneinde het onrechtmatig handelen te doen beëindigen, heeft de Pres. Rb. 's-Gravenhage in zijn vonnis van 15 jan. 1992 met rolnr. 92/17 op vordering van de gemeente beslist dat Van Schaik en Graafeiland wordt bevolen het permanente gebruik van het zomerhuis aan de Dolce Vita nr. 28 te Nieuwveen uiterlijk op 1 april 1992 te beëindigen en bepaald dat Van Schaik en Graafeiland een dwangsom zullen verbeuren voor iedere dag dat zij dit bevel zullen overtreden. In hoger beroep hebben Van Schaik en Graafeiland (mede gezien de wederzijdse conclusies in hoger beroep en hetgeen het hof in r.o. 2 vaststelt) tegen deze beslissing geen grief aangevoerd, althans hebben zij zich met hun grieven ten aanzien van de te verbeuren dwangsommen beperkt tot een – geheel subsidiaire – klacht over het achterwege laten van enige maximering van de eventueel te verbeuren dwangsommen. De grieven die zich tegen de andere onderdelen van de uitspraak in prima richten staan daarnaast geen van allen in dusdanig verband met de door de president vastgestelde datum van 1 april 1992 dat het hof daarin aanleiding kon vinden de vastgestelde beëindigingsdatum te wijzigen. Onder deze omstandigheden is het hof buiten de grenzen van de rechtsstrijd in appèl getreden door (in r.o. 11) te overwegen en te beslissen dat de door de president genoemde datum van 1 april 1992 in verband met de inmiddels verlopen tijd wordt gewijzigd in 15 okt. 1993. Althans is 's hofs uitleg van de grieven ten aanzien van de te verbeuren dwangsommen onbegrijpelijk nu daarin redelijkerwijze niet te lezen valt een klacht die tot gevolg zou moeten hebben dat de door de president genoemde datum van 1 april 1992 in verband met de inmiddels verlopen tijd wordt gewijzigd in 15 okt. 1993 of enige andere datum.
2. Voor zover het hof van mening kon zijn dat het beroep van Van Schaik en Graafeiland zich mede uitstrekte tot wijziging van de door de president vastgestelde datum van 1 april 1992, heeft het hof ten onrechte, althans onvoldoende gemotiveerd, overwogen dat in verband met het enkele verstrijken van de tijd deze datum diende te worden gewijzigd in 15 okt. 1993. Niet valt in te zien, althans niet zonder nadere motivering, waarom zulks het gevolg moet zijn. Door het hof is (in r.o. 9) immers vastgesteld, dat het verboden 'permanente gebruik' van het zomerhuis zich ook kan uitstrekken over het 'zomerseizoen' van 15 maart tot 15 okt., nu voor de aanwezigheid van zodanig permanent gebruik beslissend is de bewoning door het gezin van Van Schaik en Graafeiland zonder dat dit gezin zijn hoofdverblijf elders heeft. Hieruit kan geen andere conclusie worden getrokken dan dat de opgelegde dwangsommen ook kunnen vervallen in de periode van 15 maart tot 15 okt. Door in strijd met deze gevolgtrekking en zonder nadere motivering vast te stellen dat dwangsommen door het wijzigen van de beëindigingsdatum eerst kunnen vervallen na 15 okt. 1993 is onbegrijpelijk, althans tegenstrijdig, waarom de gemeente de mogelijkheid wordt ontnomen dwangsommen te eisen over de periode voor die datum.

Hoge Raad:

1. Het geding in feitelijke instanties
Verweerster in cassatie – verder te noemen: de gemeente – heeft bij exploit van 30 dec. 1991 eisers tot cassatie – verder te noemen: Van Schaik c.s. – in kort geding gedagvaard voor de president van de Rb. 's-Gravenhage en gevorderd Van Schaik c.s. te gelasten het permanente gebruik van hun woning aan de Dolce Vita nr. 28 te Zevenhoven, gemeente Nieuwveen, te staken op straffe van een dwangsom van ƒ 250 per dag. Nadat Van Schaik c.s. tegen de vordering verweer hadden gevoerd, heeft de president bij vonnis van 15 jan. 1992 Van Schaik c.s. bevolen het permanente gebruik van voormeld zomerhuis op straffe van de gevorderde dwangsom uiterlijk op 1 april 1992 te beëindigen.
Tegen dit vonnis hebben Van Schaik c.s. hoger beroep ingesteld bij het Hof 's-Gravenhage.
Bij arrest van 13 mei 1993 heeft het hof het bestreden vonnis bekrachtigd met aanpassing van de gegeven voorziening en maximering van het totaal van de te verbeuren dwangsommen, zoals in het arrest vermeld.
(...)

2. Het geding in cassatie
(...)
De conclusie van de A-G Mok strekt tot verwerping van zowel het principaal als het incidenteel beroep.

3. Uitgangspunten in cassatie
3.1. In cassatie kan van het volgende worden uitgegaan.

(I) Van Schaik c.s. hebben in mei 1986 een kavel grond gekocht, gelegen aan de Dolce Vita 28 in de gemeente Zevenhoven (thans: Nieuwveen). In juli 1986 hebben zij van de gemeente vergunning verkregen voor de bouw van een zomerhuis. Volgens de voorschriften van het geldende bestemmingsplan ging het hierbij om 'een gebouw bestemd om uitsluitend door een gezin of een daarmee gelijk te stellen groep van personen dat/die zijn hoofdverblijf elders heeft gedurende een gedeelte van het jaar, overwegend het zomerseizoen, te worden bewoond'; als zomerseizoen geldt de periode van 15 maart tot 15 oktober.
(II) Bij brief van 1 okt. 1986 heeft de gemeente zich tot de eigenaren/huurders van zomerhuizen ter plaatse gericht en aangekondigd dat tegen illegaal gebruik van de zomerhuizen geen actie zou worden ondernomen in die gevallen waarin de zomerhuizen reeds kortere of langere tijd permanent werden bewoond.
(III) Eind 1986 of begin 1987 hebben Van Schaik c.s. zich in het bevolkingsregister van de gemeente doen inschrijven. Op 12 dec. 1986 hebben zij hun intrek genomen in het zomerhuis.
(IV) Bij brief van 10 maart 1987 heeft de gemeente Van Schaik c.s. en een tiental andere bewoners van zomerhuizen aangeschreven de permanente bewoning uiterlijk binnen twee maanden na de datum van deze aanschrijving te beëindigen op straffe van toepassing van bestuursdwang. Een aantal bewoners heeft aan de aanschrijving gevolg gegeven.
(V) Tegen evenbedoeld besluit van de gemeente hebben Van Schaik c.s. een bezwaarschrift ingediend. Bij besluit van 27 mei 1987 is dit bezwaarschrift door B en W van de gemeente ongegrond verklaard. Een tegen laatstgenoemd besluit ingesteld beroep bij de Afdeling rechtspraak hebben Van Schaik c.s. ingetrokken.
(VI) Op of omstreeks 20 jan. 1992 hebben Van Schaik c.s. zich laten inschrijven in het bevolkingsregister van de gemeente Uithoorn en laten uitschrijven uit het bevolkingsregister van de gemeente.
3.2. Stellende dat Van Schaik c.s. door het bewonen van het zomerhuis in strijd met voormelde voorschriften jegens haar onrechtmatig handelen, vordert de gemeente in dit kort geding hun veroordeling op straffe van een dwangsom de permanente bewoning van dat huis te beëindigen.
De president heeft de vordering toegewezen. Het hof heeft het vonnis bekrachtigd met aanpassing van de gegeven voorziening en met maximering van het totaal van de te verbeuren dwangsommen.

4. Beoordeling van de middelen in het principaal beroep

4.1 Middel I keert zich tegen de verwerping in r.o. 3 van het betoog van Van Schaik c.s. dat de president van de gemeente ten onrechte had ontvangen in haar vordering nu daaraan geen ander belang ten grondslag lag dan het algemeen belang dat de voorschriften van het bestemmingsplan zouden worden nageleefd. Het hof heeft dit betoog verworpen omdat het vooralsnog van oordeel was dat de door de gemeente aan haar vordering uit onrechtmatige daad ten grondslag gelegde belangen daartoe 'voldoende reëel en concreet' waren. Daarbij is het hof ervan uitgegaan dat de gemeente haar vordering mede had gebaseerd op de – door het hof in het kader van zijn oordeel over de toewijsbaarheid vooralsnog aannemelijk geoordeelde – stelling dat permanent gebruik van de onderwerpelijke zomerhuizen ten gevolge had: het vervallen van inkomsten van de woonforensenbelasting waartegen extra inkomsten van de algemene uitkering uit het gemeentefonds niet opwegen, extra druk op de ambtelijke en bestuurlijke organisatie in voorkomend geval door aanvragen om bijstandsuitkeringen, extra bouwaanvragen alsmede hiermede samenhangende bezwaarschriftenprocedures en controles door bouw- en woningtoezicht, extra verontreiniging van het oppervlaktewater, extra gebruik van de toevoerwegen en een beroep op de plaatselijke krappe woningmarkt.
4.2 Het middel keert zich hiertegen met rechts- en motiveringsklachten. Het miskent evenwel dat noch voor de bevoegdheid van de burgerlijke rechter, noch voor de ontvankelijkheid van de op art. 6:162 BW gegronde vordering van de overheid strekkende tot verkrijging van een bevel, is vereist dat de overheid daaraan een 'civielrechtelijk belang' ten grondslag legt. Nodig is slechts dat de vordering uit de eis van een voldoende belang, zoals deze eis tot uiting is gebracht in art. 3:303 BW (HR 18 febr. 1994, RvdW 1994, 58). Tegen deze achtergrond geeft het aangevallen oordeel van het hof niet blijk van een onjuiste rechtsopvatting.
Verweven als het is met waarderingen van feitelijke aard kan het in cassatie verder niet op juistheid worden onderzocht.
Tegenover de stellingen van Van Schaik c.s. is het voldoende gemotiveerd. Op dit een en ander stuit het middel in zijn geheel af.
4.3 Middel II keert zich tegen 's hofs oordeel dat de gemeente in het onderhavige geding de privaatrechtelijke weg van een procedure in kort geding kan volgen (r.o. 4). Het hof heeft daartoe overwogen dat 'toepassing van politiedwang, die naar verwachting een verzegeling van de woning zal meebrengen, al spoedig zal neerkomen op de onmogelijkheid om de woning te gebruiken ook op een wijze waarop de bewoning wel in overeenstemming met het bestemmingsplan moet worden geacht, zodat de thans door de gemeente gevolgde weg en de nu ingestelde eis die een legale bewoning wel mogelijk maken, in zoverre als minder ingrijpend en als meer passende maatregelen moeten worden beschouwd.'

4.4 Onderdeel a. strekt ten betoge dat het hof, gesteld voor de vraag of het gebruik van de privaatrechtelijke bevoegdheden de publiekrechtelijke regeling al dan niet op onaanvaardbare wijze doorkruist, een onjuist, althans onvolledig criterium heeft aangelegd.
Het onderdeel faalt. Bij de vraag of sprake is van een onaanvaardbare doorkruising, als door het onderdeel bedoeld, is onder meer van belang of de gemeente door gebruikmaking van de publiekrechtelijke regeling een vergelijkbaar resultaat kan bereiken als door gebruikmaking van de privaatrechtelijke bevoegdheid, omdat, zo zulks het geval is, dit een belangrijke aanwijzing is dat geen plaats is voor de privaatrechtelijke weg. In de feitelijke instanties is door partijen met betrekking tot de vraag of de gemeente gebruik mocht maken van de privaatrechtelijke bevoegdheden, uitsluitend gedebatteerd over de hierbedoelde vergelijkbaarheid. Bij deze stand van zaken was het hof niet gehouden in te gaan op de overige in voormeld arrest genoemde gezichtspunten om te beoordelen of al dan niet sprake is van een onaanvaardbare doorkruising van de publiekrechtelijke regeling.

4.5 Onderdeel b. voert vooreerst aan dat het hof het recht heeft geschonden door te oordelen dat een privaatrechtelijk bevel ondersteund door een dwangsom, een minder ingrijpend en passender instrument is, dan de aanzegging en eventueel toepassing van (publiekrechtelijke) bestuursdwang.
De klacht mist doel. Bij de beoordeling van de vergelijkbaarheid van het resultaat van de toepassing van de privaatrechtelijke dan wel publiekrechtelijke regeling, had het hof uit te gaan van de stand van de wetgeving ten tijde van het instellen van de onderhavige vordering.
Uitgangspunt diende derhalve te zijn dat de gemeente niet beschikte over de (publiekrechtelijke) bevoegdheid tot het opleggen van een dwangsom, zoals deze thans is neergelegd in de art. 136-137 van de op 1 jan. 1994 in werking getreden nieuwe Gemeentewet, welke bevoegdheid meebrengt dat de gemeente over een instrument voor het bereiken van het beoogde resultaat beschikt, dat in de regel gelijkwaardig is aan een in kort geding verkregen bevel, versterkt met een privaatrechtelijke dwangsom. 's Hofs oordeel geeft derhalve, gegeven het in het onderhavige geval ontbreken van de mogelijkheid van het opleggen van een publiekrechtelijke dwangsom, niet blijk van een onjuiste rechtsopvatting.
De motiveringsklacht vervat in het onderdeel faalt eveneens. Anders dan de klacht aanvoert, is het hof niet voorbijgegaan aan het betoog van Van Schaik c.s. dat de publiekrechtelijke weg moest worden aangemerkt als een minder ingrijpende en in ieder geval meer geëigende procedure; het hof heeft dit betoog verworpen. In het licht van de gedingstukken is 's hofs oordeel niet onbegrijpelijk; het behoefde niet nader te worden gemotiveerd.

5. Beoordeling van het middel in het incidenteel beroep
Het middel verwijt het hof dat het de door de president vastgestelde datum waarop het permanent gebruik moest zijn beëindigd – 1 april 1992 – eigener beweging en enkel 'in verband met de inmiddels verlopen tijd' heeft gewijzigd in 15 okt. 1993. Het miskent evenwel dat het de rechter die heeft te oordelen over een appel tegen een ontruimingsvonnis – dan wel een daarmede gelijk te stellen vonnis als dat van de president in de onderhavige zaak – vrijstaat om, als hij daartoe in verband met het tijdsverloop aanleiding vindt, dat vonnis bekrachtigend zo nodig ambtshalve het bevel tot ontruiming op een latere dan de in eerste aanleg vastgestelde datum te doen ingaan, ook als de eerste rechter op niet nakomen van zijn bevel een dwangsom heeft gesteld.

6. Beslissing
De Hoge Raad:
in het principaal beroep:
verwerpt het beroep;
veroordeelt Van Schaik in de kosten van het geding in cassatie, tot op deze uitspraak aan de zijde van de gemeente begroot op ƒ 507,20 aan verschotten en ƒ 3000 voor salaris;
in het incidenteel beroep:
verwerpt het beroep;
veroordeelt de gemeente in de kosten van het geding in cassatie, aan de zijde van Van Schaik c.s. begroot op ƒ 3150 op de voet van art. 57b Rv te voldoen aan de griffier.

10. Afdeling bestuursrechtspraak RvS
18 september 2002, ECLI:NL:RVS:2002:AE7801

JETSKI'S

Toepassing specialiteitsbeginsel. De minister heeft zich terecht op het standpunt gesteld dat bij de vaststelling van de vaargebieden voor de snelle watersport, gelet op de tekst van de Scheepvaartverkeerswet en het gestelde in de memorie van toelichting bij deze wet, met het belang van het voorkomen van geluidhinder voor omwonenden geen rekening mag worden gehouden. De Scheepvaartverkeerswet beoogt de veiligheid en het vlotte verloop van het scheepvaartverkeer te bevorderen.

Uitspraak op het hoger beroep van:
[appellanten], wonend te [woonplaats],
tegen de uitspraak van de rechtbank te Maastricht van 15 januari 2002 in het geding tussen:
appellanten
en
de Minister van Verkeer en Waterstaat.

1. Procesverloop

Bij besluit van 18 november 1999 heeft de Minister van Verkeer en Waterstaat (hierna: de minister) het verzoek van appellanten om de Regeling snelle motorboten Rijkswateren 1995 te wijzigen, afgewezen.
Bij besluit van 16 maart 2000 heeft de minister het daartegen gemaakte bezwaar ongegrond verklaard. Dit besluit is aangehecht.
Bij uitspraak van 15 januari 2002, verzonden op dezelfde datum, heeft de rechtbank te Maastricht (hierna: de rechtbank) het daartegen ingestelde beroep ongegrond verklaard. Deze uitspraak is aangehecht.
Tegen deze uitspraak hebben appellanten bij brief van 26 februari 2002, bij de Raad van State ingekomen op 26 februari 2002, hoger beroep ingesteld. Deze brief is aangehecht.
Bij brief van 24 april 2002 heeft de minister van antwoord gediend.
De Afdeling heeft de zaak ter zitting behandeld op 23 juli 2002, waar appellanten in persoon, bijgestaan door mr. J.G. de Vries Robbé, advocaat te Den Haag, en de minister, vertegenwoordigd door mr. W.F. Brieër en mr. J. Kwakernaat, beiden ambtenaar van het ministerie, zijn verschenen.

2. Overwegingen

2.1. Ingevolge artikel 3, eerste lid, van de Scheepvaartverkeerswet (hierna: de Svw) kan, behoudens het bepaalde in het tweede lid, toepassing van de artikelen 4, 11 en 12 slechts geschieden in het belang van:
a. het verzekeren van de veiligheid en het vlotte verloop van het scheepvaartverkeer;
b. het instandhouden van scheepvaartwegen en het waarborgen van de bruikbaarheid daarvan;
c. het voorkomen of beperken van schade door het scheepvaartverkeer aan de waterhuishouding, oevers en waterkeringen, of werken gelegen in of over scheepvaartwegen.

Ingevolge artikel 3, tweede lid, van de Svw kan toepassing van artikel 4 ten behoeve van een in het eerste lid genoemd belang mede geschieden in het belang van het voorkomen of beperken van:
a. hinder of gevaar door het scheepvaartverkeer voor personen die zich anders dan op een schip te water bevinden;
b. schade door het scheepvaartverkeer aan de landschappelijke of natuurwetenschappelijke waarden van een gebied waarin scheepvaartwegen zijn gelegen.

Ingevolge artikel 4, eerste lid, van de Svw worden bij algemene maatregel van bestuur regels gesteld met betrekking tot:
a. het deelnemen aan het scheepvaartverkeer op scheepvaartwegen;
b. verkeerstekens;
c. bekendmakingen met dezelfde strekking als een verkeersteken;
d. verkeersaanwijzingen.

Ingevolge artikel 4, tweede lid van de Svw kunnen de in het eerste lid, onder a, bedoelde regels slechts inhouden:
a. verplichtingen met betrekking tot:
1. het varen en het ligplaats nemen met schepen en andere vaartuigen;
2. het tonen van optische tekens door schepen en andere vaartuigen;
3. het geven van geluidsseinen door schepen;
4. de aanwezigheid en het gebruik van bepaalde navigatiemiddelen aan boord van schepen;
5. de aanwezigheid en het gebruik van bepaalde communicatiemiddelen aan boord van schepen;
6. het aanbrengen van kentekens op schepen;
b. andere verplichtingen van verkeersdeelnemers en andere personen aan boord van schepen en andere vaartuigen met betrekking tot het deelnemen aan het scheepvaartverkeer;
c. verplichtingen van andere personen dan die genoemd in onderdeel b, met betrekking tot het deelnemen aan het scheepvaartverkeer.

Ingevolge artikel 4, derde lid, van de Svw kunnen bij algemene maatregel van bestuur voor daarin aangewezen scheepvaartwegen in afwijking van of in aanvulling op de krachtens het eerste lid, onder a, te stellen regels andere regels met betrekking tot het deelnemen aan het scheepvaartverkeer worden gesteld. Daarin kunnen aan degenen die een schip voeren, naast verplichtingen met betrekking tot de in het tweede lid bedoelde onderwerpen, verplichtingen worden opgelegd, die al dan niet gericht zijn op het deelnemen aan verkeersbegeleiding en onder andere betrekking hebben op het melden van aankomst, vertrek of positie van een schip, alsmede van gegevens met betrekking tot het schip, de daarmee vervoerde lading, of de uit te voeren reis.

Ingevolge artikel 4, vierde lid van de Svw kan in de krachtens het eerste lid, onderdeel a, en het derde lid te stellen regels met betrekking tot daarin aangewezen onderdelen de minister bevoegd worden verklaard tot het stellen van nadere regels.

2.2. Ingevolge artikel 6.02, derde lid, van het Vaststellingsbesluit Binnenvaartpolitiereglement (hierna: het Bpr) is het, onverminderd de bij algemene regeling vastgestelde andere voorschriften met betrekking tot de snelheid, verboden met een snelle motorboot sneller te varen dan 20 km per uur. De bevoegde autoriteit kan vaarwegen of gedeelten daarvan aanwijzen waarop dit verbod des daags of des nachts niet van toepassing is.

Ingevolge artikel 8.06, eerste lid, van het Bpr is het, onverminderd de bij algemene regeling vastgestelde andere voorschriften met betrekking tot het waterskiën, verboden te waterskiën of te doen waterskiën. De bevoegde autoriteit kan vaarwegen of gedeelten daarvan aanwijzen waarop dit verbod des daags of des nachts niet van toepassing is.

2.3. Bij de Regeling snelle motorboten Rijkswateren 1995 (*Stcrt*. 1995, 85; hierna: de regeling) heeft de minister (onder meer) ten aanzien van de Maas/de Bergsche Maas het gedeelte, gelegen tussen km 8.865 tot km 12.000 – binnen welke begrenzingen appellant een aan de oever van de rivier gelegen woning bewoont – aangewezen als vaarweg, waar des daags met een snelle motorboot mag worden gevaren met een grotere snelheid dan 20 km/u en als vaarweg waar des daags mag worden gewaterskied.

In 1998 is de minister overgegaan tot een herzonering. Ten aanzien van het gedeelte waar appellante woonachtig is zijn geen wijzigingen aangebracht.

2.4. Appellanten stellen van het varen met snelle motorboten of jetski's, waaronder ook waterscooters, ernstige geluidsoverlast te ondervinden en hebben met het oog daarop verzocht de regeling te wijzigen.

2.5. Appellanten bestrijden het oordeel van de rechtbank dat de minister bij het vaststellen van de vaargebieden voor de snelle watersport met het belang van het voorkomen van geluidhinder geen rekening mocht houden.

De Afdeling overweegt dienaangaande in de eerste plaats dat het Bpr en de regeling zijn gebaseerd op artikel 3 van de Svw. Dit artikel is geplaatst in het hoofdstuk 'Ordening van het scheepvaartverkeer op scheepvaartwegen'. Die ordening strekt blijkens de duidelijke tekst van die bepaling enkel ten dienste van de daarin genoemde belangen.

De Afdeling is met de rechtbank van oordeel dat de minister zich terecht op het standpunt heeft gesteld dat nu de wet duidelijk aangeeft welke belangen een rol mogen spelen bij de beantwoording van de vraag welke gebieden wel of niet in aanmerking komen voor reglementering voor het meewegen van andere belangen geen plaats is. In het voorliggende geval heeft het verzekeren van de veiligheid en vlotte verloop van het scheepvaartverkeer tegen de achtergrond van de gevaren die snelle vaart op de rivier afhankelijk van de beschikbare ruimte met zich kan brengen centraal gestaan bij het tot stand brengen van de in geding zijnde regeling. De minister heeft zich terecht op het standpunt gesteld dat bij de vaststelling van de vaargebieden voor de snelle watersport, gelet op de wettekst en het gestelde in de memorie van toelichting, met het belang van het voorkomen van geluidhinder voor omwonenden geen rekening kan en mag worden gehouden.

2.6. Voorzover appellanten aanvoeren dat er sprake is van een gebiedsaanwijzing ten behoeve van de recreatievaart, dat recreatie geen in de wet genoemd belang betreft en dat het dan in de rede ligt dat de minister bij het onderzoek ook aandacht geeft aan andere buiten het scheepvaartverkeer gelegen belangen, volgt de Afdeling dit niet.

Bij de gebiedsaanwijzing is enkel rekening gehouden met de diverse belangen van verschillende vormen van scheepvaartverkeer. Dat één vorm van scheepvaart wordt beoefend om economische redenen en een andere als recreatie is voor de besluitvorming niet van betekenis. De minister is met de gebiedsaanwijzing gebleven binnen de grenzen van artikel 4 van de Svw.

2.7. Het hoger beroep is ongegrond. De aangevallen uitspraak dient te worden bevestigd.

2.8. Voor een proceskostenveroordeling bestaat geen aanleiding.

3. Beslissing

De Afdeling bestuursrechtspraak van de Raad van State
Recht doende in naam der Koningin:
bevestigt de aangevallen uitspraak.

11. Centrale Raad van Beroep 21 maart 2008, ECLI:NL:CRVB:2008:BC8447

AANMANING TERUGBETALING STUDIEFINANCIERING

Bij de aanmaning tot terugbetaling van genoten studiefinanciering is niet het gebruik van een publiekrechtelijke bevoegdheid aan de orde, maar een bevoegdheid die krachtens het burgerlijk recht ook door niet-bestuursorganen kan worden gebruikt. Derhalve levert de aanmaning geen besluit op.

Uitspraak
op het hoger beroep van:
[Appellante] (hierna: appellante),
tegen de uitspraak van de rechtbank Rotterdam van 11 mei 2007, 06/939 (hierna: aangevallen uitspraak),
in het geding tussen:
appellante
en
de hoofddirectie van de Informatie Beheer Groep (hierna: IB-groep).

I. PROCESVERLOOP
Appellante heeft hoger beroep ingesteld.
De IB-Groep heeft een verweerschrift ingediend.
Het onderzoek ter zitting heeft plaatsgevonden op 8 februari 2008. Appellante is niet verschenen. De IB-Groep was vertegenwoordigd door drs. P.M.S. Slagter.

II. OVERWEGINGEN
Appellante heeft een bezwaarschrift ingediend tegen een op 6 maart 2006 door de IB-Groep aan haar gegeven sommatie om de achterstallige termijnen van haar rentedragende lening te betalen.
De IB-Groep heeft het bezwaarschrift bij besluit van 13 juni 2006 niet-ontvankelijk verklaard, aangezien het niet is gericht tegen een besluit in de zin van de Algemene wet bestuursrecht (Awb) waartegen een bezwaarschrift kan worden ingediend.
De rechtbank heeft het beroep ongegrond verklaard.
De rechtbank is – kort samengevat – tot het oordeel gekomen dat de IB-Groep het bezwaar van appellante terecht niet - ontvankelijk heeft verklaard, omdat het bezwaar van appellante niet was gericht tegen een besluit als bedoeld in artikel 1:3 van de Awb.
Het hoger beroep van appellante treft geen doel.
De Awb maakt het slechts mogelijk bezwaar te maken tegen een schriftelijke beslissing van een bestuursorgaan, inhoudende een publiekrechtelijke rechtshandeling. Een aanmaning als in geding is geen publiekrechtelijke rechtshandeling, maar is privaatrechtelijk van aard. Dit omdat het bestuursorgaan geen gebruik maakt van een speciaal voor het openbaar bestuur geschapen wettelijke grondslag, maar een bevoegdheid hanteert die krachtens het burgerlijk recht ook door niet-bestuursorganen kan worden gebruikt.
Nu een aanmaning als in geding geen besluit is in de zin van artikel 1:3 van de Awb heeft de IB-Groep het bezwaar tegen deze aanmaning terecht niet-ontvankelijk verklaard en heeft de rechtbank bij de aangevallen uitspraak het tegen dit besluit ingestelde beroep terecht ongegrond verklaard.
Het voorgaande betekent dat de aangevallen uitspraak moet worden bevestigd.
De Raad acht geen termen aanwezig om met toepassing van artikel 8:75 van de Awb een proceskostenveroordeling uit te spreken.

III. BESLISSING
De Centrale Raad van Beroep,
Recht doende:
Bevestigt de aangevallen uitspraak.

12. Afdeling bestuursrechtspraak RvS
16 maart 2016, ECLI:NL:RVS:2016:697

INZET VIDEOTEAM

De brief van de burgemeester dat een videoteam wordt ingezet bij een demonstratie bevat geen omlijning van de betoging zoals bedoeld in de Wet openbare manifestaties maar is slechts een mededeling van een voornemen tot feitelijk handelen. Nu deze brief niet op rechtsgevolg is gericht, is het geen besluit in de zin van artikel 1:3 Awb.

Uitspraak op het hoger beroep van:
appellant,
tegen de uitspraak van de Rechtbank Rotterdam van 28 april 2015 in zaak nr. 14/5906 in het geding tussen:
appellant
en
de burgemeester van Rotterdam.

Procesverloop

In een brief van 24 april 2014 heeft de burgemeester aan het 1 mei comité medegedeeld dat tijdens een demonstratie van dat comité op 1 mei 2014 een videoteam wordt ingezet, dat aanwezig zal zijn bij de demonstratie.
Bij besluit van 23 juli 2014 heeft de burgemeester het door appellant daartegen gemaakte bezwaar niet-ontvankelijk verklaard.
Bij uitspraak van 28 april 2015 heeft de rechtbank het door appellant daartegen ingestelde beroep ongegrond verklaard. Deze uitspraak is aangehecht (niet opgenomen; *red.*).
Tegen deze uitspraak heeft appellant hoger beroep ingesteld.
De burgemeester heeft een verweerschrift ingediend.
De zaak is door een meervoudige kamer van de Afdeling verwezen naar een enkelvoudige.
De Afdeling heeft de zaak ter zitting behandeld op 16 februari 2016, waar appellant, bijgestaan door mr. B.M. Voogt, advocaat te Rotterdam, en de burgemeester, vertegenwoordigd door mr. M.C. Rolle, zijn verschenen.

Overwegingen

1. De rechtbank heeft overwogen dat de burgemeester zich bij besluit van 23 juli 2014 terecht op het standpunt heeft gesteld dat de brief van 24 april 2014 geen besluit is in de zin van artikel 1:3, eerste lid, van de Algemene wet bestuursrecht (hierna: de Awb) is, omdat de brief slechts een mededeling van feitelijke aard bevat. Volgens de rechtbank is de inzet van een videoteam geen beperking van het recht op betoging, nu de vorm, de uitingen en de inhoud van de demonstratie daardoor niet worden beperkt.

2. Appellant betoogt dat de rechtbank ten onrechte heeft overwogen dat de brief van 24 april 2014 geen besluit is. Daartoe voert hij aan dat de inzet van een videoteam een beperking is van het recht op betoging, omdat demonstranten en publiek door een videoteam worden afgeschrikt. De inzet van het videoteam is voorts een beperking als bedoeld in artikel 5, eerste lid, van de Wet openbare manifestaties (hierna: de Wom), aldus appellant.

2.1. Ingevolge artikel 5, eerste lid, van de Wom kan de burgemeester naar aanleiding van een kennisgeving voorschriften en beperkingen stellen of een verbod geven.
Ingevolge het vierde lid worden beschikkingen als bedoeld in het eerste lid zo spoedig mogelijk bekendgemaakt aan degene die de kennisgeving heeft gedaan.

2.2. Uit de geschiedenis van de totstandkoming van artikel 5, eerste lid, van de Wom (*Kamerstukken II* 1985/86, 19 427, nr. 3, blz. 19) blijkt dat beperkingen als bedoeld in artikel 5, eerste lid, van de Wom een toegestane betoging omlijnen door bijvoorbeeld de groepering, de dag en de plaats van de betoging aan te duiden. De brief van 24 april 2014, waarin is medegedeeld dat een videoteam wordt ingezet, bevat geen omlijning van de betoging, nu in de brief niet de door de burgemeester toegestane groepering, dag of plaats wordt aangeduid, dan wel de betoging anderszins wordt omlijnd. De brief bevat derhalve geen beperking als bedoeld in artikel 5, eerste lid, van de Wom.

2.3. Ingevolge artikel 1:3, eerste lid, van de Awb wordt onder besluit verstaan een schriftelijke beslissing van een bestuursorgaan, inhoudende een publiekrechtelijke rechtshandeling. Een rechtshandeling is een handeling die is gericht op rechtsgevolg. Zoals de Afdeling eerder heeft overwogen (uitspraak van 23 juli 2014 in zaak nr. 201400270/1/A4), heeft een beslissing rechtsgevolg indien zij erop is gericht een bevoegdheid, recht of verplichting voor een of meer anderen te doen ontstaan of teniet te doen, dan wel de juridische status van een persoon of een zaak vast te stellen. De brief van 24 april 2014 is daar niet op gericht. De brief doet niet de bevoegdheid ontstaan tot het inzetten van een videoteam, noch doet de brief een recht of plicht ontstaan. De brief van 24 april 2014 is derhalve niet gericht op rechtsgevolg, geen rechtshandeling en bevat slechts een mededeling van een voornemen tot feitelijk handelen.

2.4. De rechtbank heeft met juistheid overwogen dat de burgemeester zich bij besluit van 23 juli 2014 terecht op het standpunt heeft gesteld dat de brief van 24 april 2014 geen besluit is in de zin van artikel 1:3, eerste lid, van de Awb is. Dat de inzet van een videoteam een afschrikkende werking zou hebben op demonstranten en het publiek, zoals appellant stelt, doet daaraan niet af, nu dit niet wegneemt dat de brief van 24 april 2014 slechts een mededeling van een voornemen tot feitelijk handelen bevat, waartegen geen bezwaar en beroep bij de bestuursrechter openstaat.

2.5. Het betoog faalt.
3. Het hoger beroep is ongegrond. De aangevallen uitspraak dient te worden bevestigd.
4. Voor een proceskostenveroordeling bestaat geen aanleiding.

Beslissing
De Afdeling bestuursrechtspraak van de Raad van State:
bevestigt de aangevallen uitspraak.

13. Afdeling bestuursrechtspraak RvS
11 januari 2017, ECLI:NL:RVS:2017:31

RECLAME ZEECONTAINERS BERKEL EN RODENRIJS

Beginselplicht tot handhaving. Gelet op het algemeen belang zal bij een overtreding het bevoegde bestuursorgaan van zijn handhavingsbevoegdheid gebruik moeten maken. Slechts onder bijzondere omstandigheden ligt dit anders: indien concreet zicht op legalisering bestaat of handhaving onevenredig zou zijn.

Uitspraak op het hoger beroep van:
[appellant] en [vennootschap], onderscheidenlijk wonend en gevestigd te Berkel en Rodenrijs, gemeente Lansingerland,
appellanten (hierna tezamen en in enkelvoud: [appellant]),
tegen de uitspraak van de rechtbank Rotterdam van 6 oktober 2015 in zaak nr. 15/993 in het geding tussen:
[appellant]
en
het college van burgemeester en wethouders van Lansingerland.

Procesverloop
Bij besluit van 11 augustus 2014 heeft het college [appellant] onder oplegging van een dwangsom gelast de op het perceel [locatie] te Berkel en Rodenrijs (hierna: het perceel) aanwezige vijftien zeecontainers en het reclamedoek met bevestigingsframe te verwijderen en verwijderd te houden.
Bij besluit van 4 februari 2015 heeft het college het door [appellant] daartegen gemaakte bezwaar ongegrond verklaard.
Bij uitspraak van 6 oktober 2015 heeft de rechtbank het door [appellant] daartegen ingestelde beroep ongegrond verklaard. Deze uitspraak is aangehecht.
Tegen deze uitspraak heeft [appellant] hoger beroep ingesteld.
Bij besluit van 16 december 2015 heeft het college de aan de last onder dwangsom verbonden begunstigingstermijn verlengd tot zes weken na de uitspraak van de Afdeling op het hoger beroep.
Het college en [appellant] hebben nadere stukken ingediend.
De Afdeling heeft de zaak ter zitting behandeld op 6 oktober 2016, waar [appellant], bijgestaan door mr. M.H. Fleers, advocaat te Den Haag, en het college, vertegenwoordigd door mr. G. Gadzuric en mr. R. Kazem, zijn verschenen.

Overwegingen
Inleiding
1. [appellant] exploiteert op het perceel een bedrijf. Toezichthouders van de gemeente Lansingerland hebben op 1 mei 2014 geconstateerd dat op het perceel onder meer vijftien zeecontainers en een reclamedoek met bevestigingsframe (hierna: de reclame-uiting) aanwezig zijn. Omdat hiervoor geen omgevingsvergunning is verleend, zijn deze volgens het college in strijd met artikel 2.1, eerste lid, van de Wet algemene bepalingen omgevingsrecht (hierna: de Wabo) geplaatst. Het college heeft [appellant] daarom onder oplegging van een dwangsom gelast de zeecontainers en reclame-uiting te verwijderen.
[appellant] kan zich niet met de last onder dwangsom verenigen.

Wettelijk kader
2. Ingevolge artikel 2.1, eerste lid, van de Wabo, is het verboden zonder omgevingsvergunning een project uit te voeren, voor zover dat geheel of gedeeltelijk bestaat uit:
a. het bouwen van een bouwwerk,
c. het gebruiken van gronden of bouwwerken in strijd met een bestemmingsplan.

De reclame-uiting
3. [appellant] betoogt dat de rechtbank heeft miskend dat de opgelegde last onder dwangsom, voor zover deze betrekking heeft op de reclame-uiting, een juridische grondslag ontbeert. Daartoe voert hij aan dat het college ten onrechte heeft aangenomen dat uit het geldende beeldkwaliteitsplan volgt dat reclame-uitingen niet meer dan 5% van het geveloppervlak mogen beslaan en geïntegreerd in de gevel als onderdeel van de architectuur moeten worden opgenomen.
3.1. Aan het in beroep aangevochten besluit op bezwaar van 4 februari 2015 heeft het college ten grondslag gelegd dat de reclame-uiting is opgericht zonder een daartoe benodigde omgevingsvergunning. Niet in geschil is dat de reclame-uiting een bouwwerk is en dat voor de bouw daarvan een omgevingsvergunning als bedoeld in artikel 2.1, eerste lid, aanhef en onder a, van de Wabo is vereist. Voor de reclame-uiting is geen omgevingsvergunning verleend, zodat het college terecht in overtreding van artikel 2.1, eerste lid, aanhef en onder a, van de Wabo grondslag heeft gevonden om handhavend op te treden. De rechtbank is terecht tot dezelfde conclusie gekomen. Voor zover uit het besluit van 11 augustus 2014 kan worden afgeleid dat het college tevens strijd van de reclame-uiting met het beeldkwaliteitsplan als overtreding heeft aangemerkt, is dat niet langer aan het besluit op bezwaar van 4 februari 2015 ten grondslag gelegd. Dat betekent dat het antwoord op de vraag of de reclame-uiting tevens in

strijd met het geldende beeldkwaliteitsplan is, in het midden kan blijven.
Het betoog faalt.

De zeecontainers

4. Niet in geschil is dat de zeecontainers eveneens zijn aan te merken als bouwwerken en dat deze zijn geplaatst zonder een daartoe vereiste omgevingsvergunning als bedoeld in artikel 2.1, eerste lid, aanhef en onder a, van de Wabo. Voorts heeft [appellant] niet betwist dat de zeecontainers in strijd zijn met de regels van het geldende bestemmingsplan 'Bedrijvenpark Oudeland' die gelden voor gebouwen, zodat daarvoor tevens omgevingsvergunning als bedoeld in artikel 2.1, eerste lid, aanhef en onder c, van de Wabo is vereist.

Bijzondere omstandigheden

5. [appellant] betoogt dat de rechtbank heeft miskend dat het college in redelijkheid niet tot handhaving tegen de geplaatste zeecontainers had kunnen overgaan. Daartoe voert hij aan dat het perceel door het college aan hem is aangeboden als vervangende bedrijfskavel en dat daartoe op 5 maart 2011 afspraken tussen [appellant] en het college zijn gemaakt, die zijn neergelegd in een brief van het college van 23 maart 2011. Daarbij heeft het college zich ertoe verplicht om ervoor zorg te dragen dat aan onder meer het bestemmingsplan en het beeldkwaliteitsplan kon worden voldaan. In dat kader zou, met het oog op het stallen van vrachtwagens dat op zichzelf in strijd was met stedenbouwkundige uitgangspunten voor het gebied, van de zijde van de gemeente een zogenaamde schijngevel worden gerealiseerd. Daaraan heeft het college echter nooit uitvoering gegeven, terwijl het college reeds voorafgaand aan de overdracht van het perceel op 25 maart 2013 ermee bekend was dat [appellant] genoodzaakt was de bedrijfsvoering van zijn transportbedrijf te wijzigen, aldus [appellant]. Nu de schijngevel tevens zicht op de zeecontainers zou hebben weggenomen, maar het college geen uitvoering heeft gegeven aan realisering van de schijngevel, kon het [appellant] in redelijkheid niet gelasten de zeecontainers te verwijderen, aldus [appellant]. In dit verband betwist [appellant] verder dat legalisering van de zeecontainers, na het alsnog realiseren van de schijngevel, niet mogelijk zou zijn. Daarbij wijst hij op een door hem ingediende aanvraag om omgevingsvergunning voor 43 containers en een schijngevel op het perceel, die volgens hem geacht moet worden een goede kans van slagen te maken.
Volgens [appellant] had het voorgaande ten minste aanleiding moeten zijn voor het college om, alvorens een last op te leggen, met hem in overleg te treden. Nu de commissie van advies voor de bezwaarschriften in haar door het college overgenomen advies tot dezelfde conclusie is gekomen, had het bezwaar tegen het besluit van 11 augustus 2014 volgens hem niet ongegrond verklaard mogen worden.

5.1. Gelet op het algemeen belang dat gediend is met handhaving, zal in geval van overtreding van een wettelijk voorschrift het bestuursorgaan dat bevoegd is om met een last onder dwangsom op te treden, in de regel van deze bevoegdheid gebruik moeten maken. Slechts onder bijzondere omstandigheden mag van het bestuursorgaan worden gevergd, dit niet te doen. Dit kan zich voordoen indien concreet zicht op legalisering bestaat. Voorts kan handhavend optreden zodanig onevenredig zijn in verhouding tot de daarmee te dienen belangen dat van optreden in die concrete situatie behoort te worden afgezien.

5.2. Het college heeft zich op het standpunt gesteld dat ten tijde van het besluit op bezwaar van 4 februari 2015 geen concreet zicht op legalisering bestond. Volgens hem zijn de zeecontainers, gelet op het advies van de welstandscommissie van 16 mei 2014, in strijd met redelijke eisen van welstand. Voorts was het college niet bereid om ten behoeve van de zeecontainers medewerking te verlenen aan het afwijken van het bestemmingsplan, omdat dit afbreuk doet aan de stedenbouwkundige kwaliteit van het gebied.
Zoals de Afdeling eerder heeft overwogen (onder meer de uitspraak van 20 januari 2016, ECLI:NL:RVS:2016:92), volstaat in beginsel het enkele feit dat het college niet bereid is omgevingsvergunning te verlenen voor het oordeel dat geen concreet zicht op legalisering bestaat. Een besluit tot weigering gebruik te maken van de bevoegdheid omgevingsvergunning te verlenen is als zodanig in deze procedure immers niet aan de orde. In hetgeen [appellant] heeft aangevoerd heeft de rechtbank terecht geen grond gevonden voor het oordeel dat op voorhand moet worden geconcludeerd dat het ter zake door het college ingenomen standpunt rechtens onjuist is en de vereiste medewerking niet zal kunnen worden geweigerd.

5.3. In de door [appellant] aangehaalde brief van 23 maart 2011 is vermeld dat de gemeente aan [appellant] een vervangende bedrijfskavel aanbiedt, waarbij activiteiten, werkzaamheden en de hierbij behorende kosten voor rekening van de gemeente komen, waaronder onder meer worden begrepen eisen die voortvloeien uit het bestemmingsplan en het beeldkwaliteitsplan. In dit geding staat niet ter beoordeling welke rechten en plichten voortvloeien uit gemaakte afspraken waaraan in de brief van 23 maart 2011 wordt gerefereerd, en of het college al dan niet gehouden was om een schijngevel te realiseren teneinde zicht op de gestalde vrachtwagens van [appellant] weg te nemen. Voor zover dat het geval is, wordt overwogen dat een schijngevel er niet toe zou hebben geleid dat voor de zeecontainers geen omgevingsvergunning meer benodigd zou zijn en dat het plaatsen daarvan zonder vergunning geen overtreding van artikel 2.1, eerste lid, van de Wabo zou inhouden. Evenmin bestaat aanleiding om aan te nemen dat indien de door [appellant] bedoelde schijngevel was gerealiseerd, de zeecontainers zonder meer gelegaliseerd hadden kunnen worden. Uit de planregels volgt niet dat de strijdigheid van de zeecontainers met de bouwregels kan worden weggenomen door plaatsing van een schijngevel. De - na het besluit van 4 februari 2015 - door [appellant] ingediende aanvraag om omgevingsvergunning voor 43 containers en een schijngevel op het perceel, biedt geen aanleiding voor een ander oordeel, reeds omdat, zoals het college onweersproken heeft gesteld, de uitvoering en positionering van deze containers verschilt van die van de aangetroffen vijftien zeecontainers waarop de last onder dwangsom ziet.

Voorts overweegt de Afdeling dat de gestelde afspraken tussen [appellant] en het college, wat daar ook van zij, niet tot gevolg hebben dat het [appellant] vrij stond om na overdracht van het perceel andere activiteiten dan de stalling van vrachtwagens, in strijd met het bestemmingsplan en het beeldkwaliteitsplan te ontplooien. Daaraan doet de gestelde omstandigheid dat het college er ten tijde van de overdracht van het perceel van op de hoogte was dat [appellant] zijn transportbedrijf niet langer kon continueren, niet af, reeds omdat geen aanleiding bestaat om aan te nemen dat het niet mogelijk is om activiteiten op het perceel te ontplooien die wel in overeenstemming zijn met het bestemmingsplan en het beeldkwaliteitsplan.

Gelet op het voorgaande heeft de rechtbank terecht geen grond gevonden voor het oordeel dat de gestelde afspraken tussen [appellant] en het college een bijzondere omstandigheid vormden die in de weg stond aan handhavend optreden tegen de zeecontainers.

5.4. Het door het college overgenomen advies van de commissie van advies voor de bezwaarschriften van 6 januari 2015 strekt ertoe het bezwaar van [appellant] tegen het besluit van 11 augustus 2014 ongegrond te verklaren. Dat in dit advies onder 'Aanvullende opmerking' tevens is overwogen dat het, gelet op de voorgeschiedenis, aangewezen is dat het college tracht in overleg met [appellant] tot een oplossing te komen, staat daarmee, anders dan [appellant] betoogt, niet op gespannen voet. Hieraan is in het advies niet de conclusie verbonden dat bijzondere omstandigheden aan handhavend optreden in de weg stonden.
Het betoog faalt.

Gelijke gevallen
6. [appellant] betoogt dat het college, door handhavend op te treden tegen de zeecontainers op zijn perceel, in strijd met het gelijkheidsbeginsel handelt. Hij wijst op containers die aanwezig zijn op verschillende andere percelen op het bedrijvenpark Oudeland, waarvoor volgens hem evenmin omgevingsvergunning is verleend.

6.1. [appellant] heeft de grond dat het college in strijd met het gelijkheidsbeginsel handelt door in dit geval handhavend op te treden, voor het eerst in hoger beroep naar voren gebracht. Aangezien het hoger beroep is gericht tegen de uitspraak van de rechtbank en er geen reden is waarom deze grond niet reeds bij de rechtbank kon worden aangevoerd, en [appellant] dit uit een oogpunt van een zorgvuldig en doelmatig gebruik van rechtsmiddelen had behoren te doen, dient deze grond buiten beschouwing te blijven.

Slotoverwegingen
7. Het hoger beroep is ongegrond. De aangevallen uitspraak dient te worden bevestigd.
8. Voor een proceskostenveroordeling bestaat geen aanleiding.

Beslissing
De Afdeling bestuursrechtspraak van de Raad van State:
bevestigt de aangevallen uitspraak.

14. Afdeling bestuursrechtspraak RvS
23 augustus 2017, ECLI:NL:RVS:2017:2271

MESTBASSIN MECHELEN

Het uitgangspunt is dat degene die rechtstreeks feitelijke gevolgen ondervindt van een activiteit die een besluit toestaat, in beginsel belanghebbende is bij dat besluit. Het criterium 'gevolgen van enige betekenis' dient als correctie op dit uitgangspunt. Gevolgen van enige betekenis ontbreken indien de gevolgen voor de woon-, leef- of bedrijfssituatie dermate gering zijn dat een persoonlijk belang bij het besluit ontbreekt. Daarbij wordt acht geslagen op de factoren afstand tot, zicht op, planologische uitstraling van en milieugevolgen (o.a. geur, geluid, licht, trilling, emissie, risico) van de activiteit die het besluit toestaat.

Uitspraak op het hoger beroep van:
[appellant] en anderen, wonend te Mechelen, gemeente Gulpen-Wittem,
tegen de uitspraak van de rechtbank Limburg van 13 mei 2016 in zaak nr. 14/3317 in het geding tussen:
[appellant] en anderen
en
het college van burgemeester en wethouders van Gulpen-Wittem.

Procesverloop
Bij besluit van 5 november 2013 heeft het college het verzoek van [appellant] en anderen om handhavend op te treden tegen het mestbassin op het perceel aan de [locatie 1], te Mechelen (hierna: het perceel), afgewezen.
Bij besluit van 23 september 2014 heeft het college het door [appellant] en anderen daartegen gemaakte bezwaar ongegrond verklaard.
Bij tussenuitspraak van 3 augustus 2015 heeft de rechtbank het college in de gelegenheid gesteld om binnen acht weken na verzending van de tussenuitspraak de geconstateerde gebreken in het besluit op bezwaar van 23 september 2015 te herstellen met inachtneming van hetgeen in de tussenuitspraak is overwogen.
Bij besluit van 15 september 2015 heeft het college opnieuw beslist op de bezwaren van [appellant] en anderen tegen het besluit van 5 november 20013, bezwaarmakers die op een afstand van meer dan 250 m van het mestbassin wonen niet-ontvankelijk verklaard, het besluit van 5 november 2013 onder aanvulling van de motivering in stand gelaten en het besluit van 23 september 2014 ingetrokken.
Bij uitspraak van 13 mei 2016 heeft de rechtbank het door [appellant] en anderen tegen het besluit van 23 september 2014 ingestelde beroep niet-ontvankelijk en het tegen het besluit van 15 september 2015 ingestelde beroep ongegrond verklaard. Deze uitspraak is aangehecht.
Tegen deze uitspraak hebben [appellant] en anderen hoger beroep ingesteld.
Het college heeft een schriftelijke uiteenzetting gegeven.
De Afdeling heeft de zaak ter zitting behandeld op 11 april 2017, waar [appellant] en vier anderen, bijgestaan door mr. R.J.H. Minkhorst, advocaat te Nijmegen, en het college, vertegenwoordigd door E. Haagmans en E. Vervuren-Lemmen, zijn verschenen. Voorts is ter zitting [belanghebbende] gehoord.
De zaak is door de enkelvoudige kamer van de Afdeling verwezen naar een meervoudige.
Geen van de partijen heeft binnen de gestelde termijn verklaard gebruik te willen maken van het recht ter zitting te worden gehoord, waarna de Afdeling het onderzoek met toepassing van artikel 8:64, vijfde lid, gelezen in verbinding met artikel 8:57, derde lid, en artikel 8:108, eerste lid, van de Algemene wet bestuursrecht heeft gesloten.

Overwegingen
Inleiding
1. Het mestbassin op het perceel is in 1989 gebouwd ten behoeve van drie agrarische bedrijven, waaronder het agrarisch bedrijf dat thans door [belanghebbende] wordt geëxploiteerd. Inmiddels zijn twee van de bedrijven beëindigd en maakt alleen het agrarisch bedrijf van [belanghebbende] nog gebruik van het mestbassin. Naar aanleiding van aanhoudende klachten van omwonenden heeft het college door bureau Geonius terreinmetingen laten verrichten aan en nabij het mestbassin op het perceel. Gelet op de meetresultaten uit dit onderzoek heeft het college zich op het standpunt gesteld dat het mestbassin wat betreft de omvang is gebouwd in afwijking van de in 1989 verleende bouwvergunning en vrijstelling en dat het mestbassin in gebruik is zonder de vereiste omgevingsvergunning voor de activiteit milieu, nu dit op een afstand van minder dan 100 m van een geurgevoelig object is gelegen en een oppervlakte heeft van meer dan 750 m². Omdat de opslagcapaciteit van het mestbassin meer bedraagt dan 2 500 m³, overschrijdt het volgens het college tevens de ingevolge het ter plaatse geldende bestemmingsplan 'Buitengebied gemeente Gulpen-Wittem' maximaal toegestane inhoud. Gelet op de bedrijfseconomische belangen van [belanghebbende] heeft het college bij besluit van 5 november 2013 besloten om vooralsnog niet op te treden tegen voormelde overtredingen en om [belanghebbende] in de gelegenheid te stellen een aanvraag in te dienen voor een omgevingsvergunning voor de activiteiten bouwen en milieu.
Het college heeft vervolgens bij besluit van 16 januari 2014 aan [belanghebbende] een omgevingsvergunning

verleend voor het verkleinen van de mestput door middel van het plaatsen van een betonwand. Tegen dit besluit zijn geen rechtsmiddelen aangewend. Bij besluit op bezwaar van 23 september 2014 heeft het college de weigering om handhavend op te treden in stand gelaten. Daarbij heeft het zich op het standpunt gesteld dat door het verlenen van de omgevingsvergunning van 16 januari 2014 de overtredingen ongedaan zijn gemaakt. De strijdigheid met de in 1989 verleende bouwvergunning is opgeheven en de afstand tot de dichtstbijzijnde woning is vergroot tot meer dan 100 m, terwijl de inhoud van het mestbassin wordt verkleind waardoor de milieuvergunningplicht komt te vervallen.

Procedure bij de rechtbank
2. De rechtbank heeft in de tussenuitspraak onder meer overwogen dat het college zich weliswaar op het standpunt heeft gesteld dat het aannemelijk is dat alle eisers geuroverlast kunnen ondervinden, maar dat het niet heeft aangegeven op welke afstand nog sprake is van geuroverlast vanwege het mestbassin en of ten aanzien van de eisers die het verst verwijderd wonen van het mestbassin nog sprake is van een dusdanige geuroverlast dat zij op die grond belanghebbende zijn bij het besluit van 5 november 2013. De rechtbank acht het besluit in zoverre onvoldoende gemotiveerd. De rechtbank heeft in de tussenuitspraak voorts overwogen dat het college in strijd met het zorgvuldigheidsbeginsel onvoldoende in kaart heeft gebracht welke overtredingen en in welke omvang zijn begaan. Voorts heeft de rechtbank overwogen dat de bij besluit van 16 januari 2014 verleende omgevingsvergunning niet maakt dat er sprake is van legalisering of concreet zicht op legalisering en dat de aan het besluit ten grondslag liggende belangenafweging een deugdelijke en draagkrachtige motivering ontbeert. De rechtbank heeft het college in de gelegenheid gesteld om te motiveren waarom alle eisers als belanghebbende bij het besluit zijn aan te merken, te inventariseren welke overtredingen in welke omvang bij het gebruik van het mestbassin aan de orde zijn en om een nieuwe afweging te maken van de relevante belangen die zijn betrokken bij het al dan niet gebruik maken van de bevoegdheid om handhavend op te treden.
Het college heeft naar aanleiding van de tussenuitspraak bij besluit van 15 september 2015 opnieuw op de bezwaren van [appellant] en anderen beslist. Daarbij heeft het college bezwaarmakers die op meer dan 250 m afstand tot (de rand van) het mestbassin wonen niet als belanghebbende aangemerkt. Het college heeft de bezwaren, voor zover ingediend door bezwaarmakers die woonachtig zijn aan de [locatie 2], [locatie 3], [locatie 4], [locatie 5] en [locatie 6] te Mechelen, alsmede aan de [locatie 7] te Epen, om die reden niet-ontvankelijk verklaard. Voorts heeft het college in het besluit beschreven welke overtredingen in welke omvang met betrekking tot het verzoek om handhavend optreden aan de orde zijn, waarbij het zich onder meer op het standpunt heeft gesteld dat het mestbassin niet in strijd is met de op het perceel rustende bestemming.
De rechtbank heeft het besluit van 15 september 2015 in stand gelaten.

Belanghebbende / gevolgen van enige betekenis
3. [appellant] en anderen betogen dat de rechtbank heeft miskend dat het college bezwaarmakers die op een grotere afstand dan 250 m van het mestbassin wonen ten onrechte niet als belanghebbende heeft aangemerkt. Hiertoe voeren zij aan dat alle bezwaarmakers in hun woonomgeving geuroverlast van het mestbassin ondervinden, met name als het mestbassin net gevuld is en de wind in de richting van hun woningen staat.
3.1. Anders dan waarvan [appellant] en anderen in hun hogerberoepschrift zijn uitgegaan, heeft het college de bezwaren van [appellant A] en [appellante B] alsmede van [appellant C], wonend aan de [locatie 8] onderscheidenlijk de [locatie 9] niet niet-ontvankelijk verklaard.
De bezwaarmakers wiens bezwaren niet-ontvankelijk zijn verklaard, zijn woonachtig aan de [locatie 2], [locatie 3], [locatie 4], [locatie 5] en [locatie 6] te Mechelen en de [locatie 7] te Epen. Zij wonen allen op een afstand van meer dan 250 m van het mestbassin. Het college heeft aan het besluit van 15 september 2015 ten grondslag gelegd dat, gelet op de omvang en aard van de activiteiten in relatie tot de beperkte klachten over geuroverlast, omwonenden die woonachtig zijn op meer dan 250 m vanaf de rand van het mestbassin geen belanghebbende zijn.
3.2. Met verwijzing naar de uitspraak van de Afdeling van 16 maart 2016, ECLI:NL:RVS:2016:737, heeft de rechtbank overwogen dat het van een belanghebbende aannemelijk moet zijn dat ter plaatse van de woning of het perceel van de betrokkene gevolgen van enige betekenis kunnen worden ondervonden. De Afdeling is in die uitspraak teruggekomen van de door [appellant] en anderen in hoger beroep aangehaalde uitspraak van 12 september 2012, ECLI:NL:RVS:2012:BX7107, waarin niet van belang werd geacht in welke mate milieugevolgen kunnen worden ondervonden.
Gelet op de in de praktijk gerezen vragen over de invulling van het criterium 'gevolgen van enige betekenis' overweegt de Afdeling als volgt.
Het uitgangspunt is dat degene die rechtstreeks feitelijke gevolgen ondervindt van een activiteit die het besluit – zoals een bestemmingsplan of een vergunning – toestaat, in beginsel belanghebbende is bij dat besluit. Het criterium 'gevolgen van enige betekenis'

dient als correctie op dit uitgangspunt. Gevolgen van enige betekenis ontbreken indien de gevolgen wel zijn vast te stellen, maar de gevolgen van de activiteit voor de woon-, leef- of bedrijfssituatie van betrokkene dermate gering zijn dat een persoonlijk belang bij het besluit ontbreekt. Daarbij wordt acht geslagen op de factoren afstand tot, zicht op, planologische uitstraling van en milieugevolgen (o.a. geur, geluid, licht, trilling, emissie, risico) van de activiteit die het besluit toestaat, waarbij die factoren zo nodig in onderlinge samenhang worden bezien. Ook aard, intensiteit en frequentie van de feitelijke gevolgen kunnen van belang zijn.

Indien bepaalde milieugevolgen zijn genormeerd door een afstandseis, een contour of een grenswaarde, is deze norm niet bepalend voor de vraag of de betrokkene belanghebbende is bij het besluit. Indien het besluit en de beroepsgronden daartoe aanleiding geven, komt de vraag of aan die norm wordt voldaan aan de orde bij de inhoudelijke beoordeling van het beroep.

De kring van belanghebbenden kan verschillen naar gelang de aard van het besluit. Zo hoeft de kring van belanghebbenden bij een handhavingsbesluit niet altijd samen te vallen met de kring van belanghebbenden bij een besluit tot vergunningverlening.

Bij besluiten over activiteiten in het omgevingsrecht is het de taak van het bestuursorgaan om de kring van belanghebbenden vast te stellen aan de hand van (onderzoek naar) de feitelijke gevolgen van het besluit. Uiteindelijk is het aan de bestuursrechter om te oordelen over de vraag wie belanghebbende bij een besluit zijn. De betrokken rechtzoekende hoeft derhalve niet zelf aan te tonen dat hij belanghebbende bij een besluit is. Slechts indien tijdens de procedure de vraag aan de orde is of 'gevolgen van enige betekenis' ontbreken en dus de vraag of er aanleiding is de correctie toe te passen, kan en mag van de betrokkene worden gevraagd uit te leggen welke feitelijke gevolgen hij van de activiteit ondervindt of vreest te zullen ondervinden.

De rechtbank heeft, gelet op hetgeen hiervoor is overwogen, ten onrechte overwogen dat niet aannemelijk is dat de bezwaarmakers die op een afstand van meer dan 250 m van het mestbassin wonen geurhinder van enige betekenis ondervinden van het gebruik van het mestbassin.

Hoewel het mestbassin op een afstand van ongeveer 300 m tot 600 m van hun woningen ligt, heeft het college niet weersproken dat [appellant] en anderen ter plaatse van hun woningen de geur van het in gebruik zijnde mestbassin waarnemen. De Afdeling wijst in dit kader op het aanvankelijk door het college in het besluit van 23 september 2014 ingenomen standpunt dat het aannemelijk is dat alle bezwaarmakers geuroverlast kunnen ondervinden. Er zijn ter plaatse van de woningen van betrokkenen dus feitelijke milieugevolgen als gevolg van het mestbassin. Dit betekent dat [appellant] en anderen belanghebbende zijn bij het besluit, tenzij geoordeeld moet worden dat 'gevolgen van enige betekenis' voor hen ontbreken. Met betrekking tot deze laatste vraag is van belang dat de geurhinder zich met name voordoet als het mestbassin net gevuld is en de wind in de richting van de betreffende woningen staat, dat de geurhinder niet continue maar wel regelmatig plaatsvindt en dat geur van mest doorgaans als penetrant wordt ervaren. Onder deze omstandigheden bestaat geen grond voor het oordeel dat voor de betreffende omwonenden van het mestbassin gevolgen van enige betekenis ontbreken.

Het voorgaande betekent dat ook de op een afstand van meer dan 250 m van het mestbassin wonende bezwaarmakers belanghebbende zijn bij het besluit. Het college heeft de door hen gemaakte bezwaren ten onrechte niet-ontvankelijk verklaard. Het besluit van 15 september 2015 dient in zoverre te worden vernietigd. De rechtbank heeft dat niet onderkend.

Het betoog slaagt.

Strijd met het bestemmingsplan

4. [appellant] en anderen betogen voorts dat de rechtbank heeft miskend dat het mestbassin in strijd is met de ingevolge het bestemmingsplan op het perceel rustende bestemming 'Agrarisch Bedrijf'. Hiertoe voeren zij aan dat het mestbassin een zelfstandige inrichting is, althans het niet een inrichting vormt met het agrarisch bedrijf van [belanghebbende], zodat het mestbassin geen agrarisch bedrijf is in de zin van artikel 1.6 van de planregels, maar een agrarische hulp- en nevenbedrijf en daarom ter plaatse niet is toegestaan. Zij wijzen in dit verband op de grote afstand tussen het mestbassin en het agrarisch bedrijf van [belanghebbende] aan de [locatie 10] te Epen en het ontbreken van technische, organisatorische en functionele bindingen als bedoeld in artikel 1.1 van de Wet milieubeheer.

4.1. Ingevolge het bestemmingsplan rust op het perceel de bestemming 'Agrarisch-Bedrijf'.
Artikel 1.6 van de planregels luidt: 'agrarisch bedrijf: een bedrijf dat is gericht op het voortbrengen van producten door middel van het telen van gewassen en/of het houden van dieren, niet zijnde een manege;'
Artikel 1.9 luidt: 'agrarisch hulp- en nevenbedrijf: een niet-industrieel bedrijf voor productie of levering van goederen of diensten ten behoeve van agrarische bedrijven, respectievelijk voor ver- of bewerking, op- of overslag, vervoer of verhandeling van agrarische producten van derden;'
Artikel 4.1, aanhef en onder a, luidt: 'De voor 'Agrarisch-Bedrijf aangewezen gronden zijn bestemd voor: agrarische bedrijven met een geheel of in hoofdzaak grondgebonden agrarische bedrijfsvoering;'

Artikel 4.5.2 luidt: 'Onder verboden gebruik als bedoeld in artikel 40.1 wordt ten minste verstaan het gebruik van bebouwing voor:
(...)
g. agrarische hulp- en nevenbedrijfsdoeleinden, anders dan ondergeschikt aan het toegelaten gebruik;
h. opslagdoeleinden, anders dan inherent aan het toegelaten gebruik.'
Artikel 1.1, vierde lid, van de Wet milieubeheer luidt: 'Elders in deze wet en de daarop berustende bepalingen wordt onder inrichting verstaan een inrichting, behorende tot een categorie die krachtens het derde lid is aangewezen. Daarbij worden als één inrichting beschouwd de tot eenzelfde onderneming of instelling behorende installaties die onderling technische, organisatorische of functionele bindingen hebben en in elkaars onmiddellijke nabijheid zijn gelegen. Onze Minister kan nadere regels stellen met betrekking tot hetgeen in deze wet en de daarop berustende bepalingen onder inrichting wordt verstaan.'
4.2. Niet in geschil is dat het in eigendom van [belanghebbende] zijnde mestbassin wordt gebruikt in het kader van het agrarisch bedrijf van [belanghebbende], te weten voor de opslag van mest voor het bemesten van de landerijen van [belanghebbende]. De mest is afkomstig van zowel het eigen agrarisch bedrijf als van andere agrarische bedrijven.
In geschil is evenmin dat het mestbassin niet één inrichting vormt met het agrarisch bedrijf van [belanghebbende] aan de Oosterbergweg 2 in de zin van artikel 1.1 van de Wet milieubeheer, reeds omdat de afstand tussen het bassin en het agrarisch bedrijf meer dan 1000 m bedraagt en deze dus niet in elkaars nabijheid liggen. Dat brengt evenwel niet mee dat het mestbassin als een met de bestemming strijdig agrarisch hulp- en nevenbedrijf als bedoeld in artikel 1.9 van de planregels moet worden aangemerkt, zoals [appellant] en anderen betogen. Weliswaar wordt ook mest afkomstig van derden in het mestbassin opgeslagen, maar nu de opgeslagen mest uitsluitend voor de eigen bedrijfsvoering van [belanghebbende] wordt gebruikt en het mestbassin aldus louter ten dienste staat van het agrarisch bedrijf van [belanghebbende], dient het bassin te worden aangemerkt als behorend tot het agrarisch bedrijf van [belanghebbende]. Gelet daarop bestaat geen grond voor het oordeel dat het mestbassin niet binnen de op het perceel rustende bestemming 'Agrarisch-Bedrijf' past.
Het betoog faalt.

Conclusie
5. Het hoger beroep is gegrond. De aangevallen uitspraak dient te worden vernietigd voor zover daarbij het beroep tegen het besluit van 15 september 2015 ongegrond is verklaard. Doende hetgeen de rechtbank zou behoren te doen, zal de Afdeling het beroep tegen het besluit van 15 september 2015 gegrond verklaren en dat besluit vernietigen voor zover daarbij de bezwaren van bezwaarmakers die op een afstand van meer dan 250 m van het mestbassin wonen niet-ontvankelijk zijn verklaard. Gelet op hetgeen in rechtsoverweging 4.2 is overwogen zal de Afdeling zelf in de zaak voorzien en deze bezwaren alsnog ongegrond verklaren. De aangevallen uitspraak dient voor het overige te worden bevestigd.
6. Het college dient op na te melden wijze tot vergoeding van de proceskosten te worden veroordeeld.

Beslissing
De Afdeling bestuursrechtspraak van de Raad van State:
I. verklaart het hoger beroep gegrond;
II. vernietigt de uitspraak van de rechtbank Limburg van 13 mei 2016 in zaak nr. 14/3317, voor zover daarbij het beroep tegen het besluit van 15 september 2015 ongegrond is verklaard;
III. verklaart het bij de rechtbank ingestelde beroep gegrond;
IV. vernietigt het besluit van het college van burgemeester en wethouders van Gulpen-Wittem van 15 september 2015, kenmerk U.15.03775, voor zover daarbij de bezwaren van de bewoners van [locatie 2], [locatie 3], [locatie 4], [locatie 5] en [locatie 6] te Mechelen en [locatie 7] te Epen niet-ontvankelijk zijn verklaard;
V. verklaart de tegen het besluit van het college van burgemeester en wethouders van Gulpen-Wittem van 5 november 2013 gemaakte bezwaren van de onder IV vermelde bezwaarmakers ongegrond;
VI. bepaalt dat deze uitspraak in zoverre in de plaats treedt van het besluit van 15 september 2015, voor zover dat is vernietigd;
VII. bevestigt de aangevallen uitspraak voor het overige;
VIII. veroordeelt het college van burgemeester en wethouders van Gulpen-Wittem tot vergoeding van bij [appellant] en anderen in verband met de behandeling van het hoger beroep opgekomen proceskosten tot een bedrag van € 990,00 (zegge: negenhonderdnegentig euro), geheel toe te rekenen aan door een derde beroepsmatig verleende rechtsbijstand, met dien verstande dat bij betaling van genoemd bedrag aan een van hen het bestuursorgaan aan zijn betalingsverplichting heeft voldaan;
IX. gelast dat het college van burgemeester en wethouders van Gulpen-Wittem aan [appellant] en anderen het door hen betaalde griffierecht ten bedrage van € 251,00 (zegge: tweehonderdeenenvijftig euro) voor de behandeling van het hoger beroep vergoedt, met dien verstande dat bij betaling van genoemd bedrag aan een van hen het bestuursorgaan aan zijn betalingsverplichting heeft voldaan.

15. Afdeling bestuursrechtspraak RvS
29 mei 2019, ECLI:NL:RVS:2019:1694

AMSTERDAMS DAKTERRAS

Bij de beoordeling van een beroep op het vertrouwensbeginsel moeten drie stappen worden doorlopen. De eerste is de vraag of een uitlating en/of gedraging kan worden gekwalificeerd als een toezegging. De tweede stap betreft de vraag naar toerekening aan het bevoegde bestuursorgaan. Indien beide vragen bevestigend worden beantwoord, volgt de derde stap en wordt de vraag beantwoord wat de betekenis van het gewekte vertrouwen is bij de uitoefening van de betreffende bevoegdheid.

Uitspraak op het hoger beroep van:
het algemeen bestuur van de bestuurscommissie van het stadsdeel Zuid (thans: het college van burgemeester en wethouders van Amsterdam, hierna: het college), appellant,
tegen de uitspraak van de voorzieningenrechter van de rechtbank Amsterdam (hierna: de rechtbank) van 19 februari 2018 in zaak nrs. 18/217 en 17/7215 in het geding tussen:
[wederpartij]
en
het college.

Procesverloop

Bij ongedateerd besluit, verzonden op 22 december 2016, heeft het college [wederpartij] onder oplegging van een dwangsom gelast de strijdigheid met wet- en regelgeving te beëindigen door op het perceel [locatie 1] te Amsterdam de dakopbouw te verwijderen en het dak terug te brengen naar de laatst vergunde situatie of alsnog voor het dakterras, het hekwerk en de dakopbouw een complete aanvraag voor een omgevingsvergunning in te dienen en het reeds gerealiseerde in overeenstemming te brengen met de verleende vergunning.
Bij besluit van 7 november 2017 heeft het college het door [wederpartij] daartegen gemaakte bezwaar ongegrond verklaard.
Bij uitspraak van 19 februari 2018 heeft de rechtbank het door [wederpartij] daartegen ingestelde beroep gegrond verklaard, het besluit van 7 november 2017 vernietigd en bepaald dat het college een nieuw besluit op bezwaar dient te nemen met inachtneming van deze uitspraak. Deze uitspraak is aangehecht.
Tegen deze uitspraak heeft het college hoger beroep ingesteld.
[wederpartij] heeft een schriftelijke uiteenzetting gegeven.
De voorzitter van de Afdeling heeft staatsraad advocaat-generaal mr. P.J. Wattel (hierna: de staatsraad advocaat-generaal) verzocht om een conclusie, als bedoeld in artikel 8:12a van de Algemene wet bestuursrecht (hierna: de Awb).
De Afdeling heeft de zaak ter zitting behandeld op 22 januari 2019, waar het college, vertegenwoordigd door mr. L.C. Elewoud, en [wederpartij], bijgestaan door mr. J.C. Ellerman, advocaat te Amsterdam, zijn verschenen. Tevens was de staatsraad advocaat-generaal ter zitting aanwezig.
De staatsraad advocaat-generaal heeft op 20 maart 2019 een conclusie genomen (ECLI:NL:RVS:2019:896, hierna: de conclusie). Het college en [wederpartij] hebben gebruik gemaakt van de gelegenheid schriftelijk op de conclusie te reageren.
Vervolgens heeft de Afdeling het onderzoek gesloten.

Overwegingen
Inleiding

1. [wederpartij] is op 2 juni 2014 eigenaar geworden van de woning op het perceel. De woning ligt op de derde etage van een woongebouw. Ten tijde van de aankoop beschikte de woning over een dakterras, afgezet met een balustrade, en een opbouw. De balustrade staat op de dakrand.
Naar aanleiding van een klacht over een lekkage bij dakopbouwen op de percelen [locatie 1] en [locatie 2] is de woning van [wederpartij] bezocht door een inspecteur van de afdeling Bouw- en Woningtoezicht. Hij constateerde dat zonder de daarvoor benodigde vergunning een dakterras met opbouw was gerealiseerd.
Bij besluit, verzonden op 22 december 2016, heeft het college aan [wederpartij] een last onder dwangsom opgelegd. Volgens het college heeft [wederpartij] gehandeld in strijd met artikel 2.1, eerste lid, aanhef en onder a, en artikel 2.3a, eerste lid, van de Wet algemene bepalingen omgevingsrecht (hierna: de Wabo).
Bij besluit van 7 november 2017 heeft het college de opgelegde last gehandhaafd.
2. Bij besluit van 30 mei 2017 heeft het college een omgevingsvergunning verleend voor een dakopbouw en een dakterras met hekwerk, gelegen op 1,20 m vanaf de dakrand van de voorgevel. De Afdeling begrijpt het besluit op bezwaar, waarbij de opgelegde last onder dwangsom is gehandhaafd, zo dat [wederpartij] wordt gelast het reeds gerealiseerde in overeenstemming te brengen met de bij het besluit van 30 mei 2017 verleende omgevingsvergunning.

Omvang van het geschil

3. Het geschil in hoger beroep is beperkt tot de vraag of het college handhavend kon optreden tegen het hekwerk, omdat het op de dakrand staat en niet - zoals vergund - 1,20 m van de dakrand.
Bevoegdheid tot handhaving

4. Zoals de rechtbank heeft overwogen, is het dakterras met de opbouw zonder vergunning gerealiseerd, terwijl die vergunning wel benodigd was. De stelling van [wederpartij] dat, gelet op artikel 14 van de toenmalige gemeentelijke bouwverordening, geen bouwvergunning nodig was, is onjuist. Ingevolge dit artikel was voor veranderingen of vernieuwingen aan een bouwwerk geen bouwvergunning vereist, indien door of namens het college is medegedeeld, dat de veranderingen of vernieuwingen uit bouwkundig en esthetisch oogpunt van zodanige ondergeschikte betekenis zijn, dat voor de uitvoering ervan geen bouwvergunning wordt vereist. Niet is gebleken dat deze mededeling is gedaan. De rechtbank is er daarom terecht van uitgegaan dat het college bevoegd is handhavend op te treden.

De Afdeling wijst er wel op dat het college niet bevoegd is om jegens [wederpartij] op grond van artikel 2.1, eerste lid, aanhef en onder a, van de Wabo handhavend op te treden, omdat [wederpartij] het dakterras en de opbouw niet heeft gebouwd. Dit heeft de rechtbank niet onderkend. [wederpartij] laat het gebouwde echter wel in stand, zodat het college bevoegd was om handhavend op te treden op grond van artikel 2.3a van de Wabo.

5. Gelet op het algemeen belang dat gediend is met handhaving, zal in geval van overtreding van een wettelijk voorschrift het bestuursorgaan dat bevoegd is om met een last onder bestuursdwang of dwangsom op te treden, in de regel van deze bevoegdheid gebruik moeten maken. Slechts onder bijzondere omstandigheden mag van het bestuursorgaan worden gevergd, dit niet te doen. Dit kan zich voordoen indien concreet zicht op legalisering bestaat. Voorts kan handhavend optreden zodanig onevenredig zijn in verhouding tot de daarmee te dienen belangen dat van optreden in die concrete situatie behoort te worden afgezien.

Aangevallen uitspraak
6. De rechtbank heeft over het beroep op het vertrouwensbeginsel overwogen dat het college de door [wederpartij]'s rechtsvoorgangers geschetste gang van zaken niet op voorhand onaannemelijk heeft geacht en daartegen ook geen inhoudelijke argumenten heeft aangevoerd. Met de tegenwerping dat de gestelde gang van zaken niet schriftelijk is vastgelegd, kon het college volgens de rechtbank niet volstaan. Het college heeft volgens de rechtbank evenmin beargumenteerd waarom het, gelet op het feit dat het dakterras al ruim 25 jaar geleden is gerealiseerd en daartegen niet eerder handhavend is opgetreden, niet van handhavend optreden afziet. De rechtbank heeft voorts overwogen dat [wederpartij] met het overleggen van concrete en gedetailleerde informatie over de gang van zaken het college de gelegenheid heeft geboden haar betoog op

diverse punten te verifiëren. Dat heeft het college niet gedaan, aldus de rechtbank. Artikel 3:2 van de Awb leidt er dan toe dat de onderzoeksplicht van het college op dit punt (alsnog) wordt geactiveerd. Volgens de rechtbank kan het besluit van 7 november 2017 niet in stand blijven, omdat het niet zorgvuldig tot stand is gekomen. Indien het college wil handhaven, zal het diepgaander onderzoek moeten verrichten om onder meer te kunnen beoordelen of de door [wederpartij] gestelde feitelijke omstandigheden juist zijn en aanleiding geven om van handhaving af te zien.

Gronden van het hoger beroep
7. Het college kan zich met deze uitspraak niet verenigen en heeft daartegen hoger beroep ingesteld. Het college betoogt dat de rechtbank ten onrechte heeft overwogen dat het besluit waarbij tot handhaving is overgegaan, niet met de vereiste zorgvuldigheid tot stand is gekomen. Het voert daartoe aan dat de rechtbank hem ten onrechte tegenwerpt dat het geen dan wel onvoldoende argumenten heeft ingebracht tegen het beroep van [wederpartij] op het vertrouwensbeginsel. Volgens het college kan [wederpartij] geen geslaagd beroep doen op het vertrouwensbeginsel. Het college wijst erop dat de inspecteur Bouw- en Woningtoezicht die de door [wederpartij] gestelde toezegging zou hebben gedaan, daar niet toe bevoegd was, deze toezegging ook niet is gestaafd met schriftelijke stukken en de toezegging bovendien niet aan het college kan worden toegerekend.

Verzoek om conclusie
8. Ten behoeve van de rechtsontwikkeling heeft de voorzitter van de Afdeling aan de staatsraad advocaat-generaal gevraagd om een conclusie te nemen en in te gaan op de toepassing van het vertrouwensbeginsel in het omgevingsrecht.
9. De staatsraad advocaat-generaal heeft op 20 maart 2019 een conclusie genomen. De Afdeling betrekt bij deze uitspraak de conclusie en de reacties daarop van partijen.
10. De Afdeling zal eerst ingaan op het vertrouwensbeginsel en hoe dat beginsel in het omgevingsrecht dient te worden toegepast. Daarna zal de Afdeling het vertrouwensbeginsel toepassen in deze zaak en daarbij het hoger beroep van het college bespreken.

De toepassing van het vertrouwensbeginsel in het omgevingsrecht
11. Bij de beoordeling van een beroep op het vertrouwensbeginsel moeten, zoals ook de staatsraad advocaat-generaal in paragraaf 3.8 van zijn conclusie toelicht, drie stappen worden doorlopen. De eerste is <u>de juridische kwalificatie van de uitlating en/of gedraging waarop de betrokkene zich beroept</u>. Doorgaans zal de

uitlating en/of gedraging door een ambtenaar worden gedaan of worden verricht, maar dit kan ook gebeuren door anderen, bijvoorbeeld een wethouder of derden die door het bestuursorgaan worden ingeschakeld. <u>Kan die uitlating en/of gedraging worden gekwalificeerd als een toezegging?</u> Bij de tweede stap moet de vraag worden beantwoord <u>of die toezegging aan het bevoegde bestuursorgaan kan worden toegerekend</u>. Indien beide vragen bevestigend worden beantwoord, en er dus een geslaagd beroep op het vertrouwensbeginsel kan worden gedaan, volgt de derde stap. In het kader van die derde stap zal de vraag moeten worden beantwoord <u>wat de betekenis van het gewekte vertrouwen is bij de uitoefening van de betreffende bevoegdheid</u>.

11.1. De Afdeling zal in het navolgende, in het licht van hetgeen de staatsraad advocaat-generaal daarover heeft geconcludeerd, nader ingaan op deze drie stappen.

11.2. *De eerste stap.* In paragraaf 3.14 geeft de staatsraad advocaat-generaal een omschrijving van het begrip 'toezegging'. De Afdeling volgt deze omschrijving, in die zin dat meer de nadruk moet worden gelegd op hoe een uitlating bij een redelijk denkende burger overkomt en minder op wat het bestuursorgaan daarmee bedoelde. Dat geldt ook voor de gedraging. In het vervolg van deze uitspraak wordt over 'toezegging' gesproken; daaronder kunnen dus zowel uitlatingen als gedragingen vallen.

Om aan te nemen dat een toezegging is gedaan, dient degene die zich beroept op het vertrouwensbeginsel aannemelijk te maken dat sprake is van uitlatingen en/of gedragingen van ambtenaren die bij de betrokkene redelijkerwijs de indruk wekken van een welbewuste standpuntbepaling van het bestuur over de manier waarop in zijn geval een bevoegdheid al dan niet zal worden uitgeoefend. Daarbij volgt de Afdeling de staatsraad advocaat-generaal waar hij opmerkt, dat het van belang is dat de betrokkene te goeder trouw is, wat betekent dat de betrokkene alleen een beroep kan doen op het vertrouwensbeginsel indien hij de in het kader van een toezegging relevante feiten en omstandigheden correct heeft weergegeven. De betrokkene komt geen geslaagd beroep toe op het vertrouwensbeginsel indien hij besefte of had moeten beseffen dat de uitlating van de ambtenaar ging over een beslissing die buiten de bevoegdheid van het bestuursorgaan lag, of anderszins in strijd was met de toepasselijke rechtsregels. Hierbij is van belang dat op degene die een beroep op het vertrouwensbeginsel doet een onderzoeksplicht rust. De welbewuste standpuntbepaling zal doorgaans in een schriftelijk stuk zijn vastgelegd. Ook zonder schriftelijk stuk kan de uitlating en/of gedraging aannemelijk zijn, waarbij van belang kan zijn of het bestuursorgaan de gestelde uitlating en/of gedraging niet of onvoldoende betwist. Bij de vraag of een toezegging is gedaan, speelt ook de deskundigheid van de betrokkene een rol. De Afdeling overweegt in dit verband verder dat, om een toezegging aan te nemen, de uitlating en/of gedraging in ieder geval toegesneden dient te zijn op de concrete situatie. Algemene voorlichting of uitlatingen over een ander geval of jegens derden zijn niet aan te merken als een toezegging. Ook is er geen sprake van een toezegging als er uitdrukkelijk over het concrete geval aan de betrokkene een voorbehoud is gemaakt. De Afdeling doet hiermee niet op de door de staatsraad advocaat-generaal in punt 77 van bijlage 1 van de conclusie genoemde, algemene en (dus) ongerichte disclaimers bij een uitlating. De Afdeling volgt de staatsraad advocaat-generaal dat in het algemeen aan dergelijke disclaimers bij een uitlating die zonder die disclaimer een toezegging zou zijn, voorbij kan worden gegaan.

11.3. *De tweede stap.* In het kader van de vraag of een toezegging aan het bevoegde bestuursorgaan kan worden toegerekend, is volgens paragraaf 3.17 van de conclusie een verschuiving nodig van het bestuurlijke naar het burgerperspectief. De Afdeling vindt dit ook. De Afdeling wijst in dit verband op de uitspraak van 19 juli 2017, ECLI:NL:RVS:2017:1946, in welke zaak sprake was van uitdrukkelijk namens het bevoegde orgaan gedane toezeggingen van niet daartoe bevoegde ambtenaren. In die uitspraak kwam de Afdeling tot het oordeel dat de betrokkene op goede gronden mocht veronderstellen dat deze personen de opvatting van het bevoegde orgaan vertolkten. De Afdeling zal thans ook in andere gevallen, derhalve in gevallen waarin niet uitdrukkelijk is aangegeven dat de toezegging namens het bevoegde orgaan wordt gedaan, minder de nadruk leggen op de precieze bevoegdheidsverdeling. Ook in die gevallen kan een toezegging worden toegerekend aan het bevoegde orgaan, indien de betrokkene op goede gronden mocht veronderstellen dat degene die de toezegging heeft gedaan de opvatting van het bevoegde orgaan vertolkte.

De Afdeling wijst in dit verband op het in de conclusie gegeven voorbeeld dat, indien een wethouder met een bepaalde portefeuille de indruk wekt dat hij de opvatting van het college vertolkt en op het terrein van zijn portefeuille toezeggingen doet, terwijl het voor de betrokkene niet eenvoudig kenbaar is dat deze wethouder daartoe niet bevoegd is en niemand hem daar op wijst, het college zich niet met succes kan beroepen op de onbevoegdheid van de wethouder om een dergelijke toezegging te doen. De Afdeling is verder van oordeel dat ook een inspecteur bouw- en woningtoezicht, en daarnaast ook een medewerker van de afdeling vergunningverlening of de afdeling handhaving, een toezegging kan doen over een onderwerp dat zijn werkgebied betreft, die aan het bevoegde bestuursorgaan kan worden toegerekend. Toezeggingen van medewerkers die in zijn algemeenheid slechts algemene informatie behoren te verstrekken, zoals een baliemedewerker, kunnen naar het oordeel van de Afdeling evenwel niet aan het bevoegde orgaan worden toegerekend.

11.4. *De derde stap.* In paragraaf 3.21 heeft de staatsraad advocaat-generaal opgemerkt dat de door hem voorgestane verschuivingen in de eerste en tweede stap niet hoeven te betekenen dat vaker dan nu toezeggingen moeten worden nagekomen als gerechtvaardigd vertrouwen is gewekt. Wel moeten volgens hem eerder de betrokken belangen worden afgewogen. Uit de uitspraak van de Afdeling van 30 mei 2012, ECLI:NL:RVS:2012:BW6882 volgt dat het vertrouwensbeginsel niet met zich brengt dat gerechtvaardigde verwachtingen altijd moeten worden gehonoreerd. Daartoe is vereist dat bij afweging van de betrokken belangen, waarbij het belang van degene bij wie de gerechtvaardigde verwachtingen zijn gewekt zwaar weegt, geen zwaarder wegende belangen aan het honoreren van de verwachtingen in de weg staan. Die zwaarder wegende belangen kunnen zijn gelegen in strijd met de wet, het algemeen belang en meer specifiek, veel voorkomend in het omgevingsrecht, belangen van derden. De Afdeling overweegt in dit verband dat het algemeen belang dat gediend is bij handhaving in zijn algemeenheid weliswaar zwaar weegt, maar, indien een geslaagd beroep op het vertrouwensbeginsel wordt gedaan, niet doorslaggevend hoeft te zijn, als er geen concrete bedreigde belangen van enige betekenis aangewezen kunnen worden. Indien en zwaarder wegende belangen in de weg staan aan honorering van het gewekte vertrouwen kan voor het bestuursorgaan de verplichting ontstaan om de schade die er zonder het vertrouwen niet geweest zou zijn te vergoeden als onderdeel van diezelfde besluitvorming. De Afdeling ziet thans geen aanleiding verder in te gaan op de verschillende situaties waarbij schadevergoeding een rol kan spelen in samenhang met schending van het vertrouwensbeginsel.

Bespreking van het hoger beroep

12. [wederpartij] heeft ter onderbouwing van haar beroep op het vertrouwensbeginsel een schriftelijke verklaring overgelegd van haar rechtsvoorgangers. Deze verklaring luidt als volgt:
Op 1 juni 1990 kochten wij [...] het pand aan de [locatie 1]. [...] Direct in 1990 nam onze aannemer [...] contact op met Bouw en Woning Toezicht, [...] [inspecteur], werkzaam bij Bouw en Woningtoezicht, afdeling Oud Zuid omtrent advies voor [...] de aanleg dakterras met dakopbouw. [...] De controle lag bij [inspecteur].
Er waren in die tijd nog nauwelijks dakterrassen met opbouw. Op de Van Eeghenlaan [...] was een dakterras zichtbaar met een geheel doorzichtig huisje erop. Dat werd als voorbeeld genomen, na eerst ook advies te ingewonnen te hebben bij bouwinspecteurs van andere wijken [...]. Daar werd in elk geval ook advies ingewonnen over tot welke grens de balustrade aan de voorkant kon komen. Uitgezocht op het stadhuis door de inspecteurs: Ja, op historische gronden, kon de balustrade tot aan de goot geplaatst worden. Aldus werd ons medegedeeld. [...]
Dit alles geschiedde mondeling. Ik meen omdat, toen wij op dag 1 aan [inspecteur] vroegen, hoe en waar wij de aanvraag tot dakterrasvergunning moesten doen, hij adviseerde daar even mee te wachten, omdat op dat moment het volstrekt onduidelijk was, hoe de stad er bestuurlijk uit ging zien. In dat jaar kwamen er o.a. 10 of meer Stadsdelen bij. En of de richtlijnen en bevoegdheden voor Bouw- en Woningtoezicht aangepast zouden worden naar Stadsdeel, dat ook nog in de kinderschoenen stond, of dat toch vastgehouden zou worden aan 1 centrale verordening, etc. etc., was onduidelijk.
Bovendien gingen er volgens [inspecteur] stemmen op om veel minder bureaucratisch te willen werken en veel meer vergunningvrij, met name voor schuurtjes, omheiningen, dakkappellen en dakterrassen en dakopbouw etc. Hij wist nog helemaal niet, waar dat naar toe zou gaan. Overleg daarover was gaande. Maar hij kon de aannemer alvast wel groen licht geven met de aanleg te beginnen en dan volgens de algemene richtlijnen, zoals ze tot dan gehanteerd werden, waarbij aanleg dakterras in Oud Zuid voor particulieren nog een zeldzaam fenomeen was. En ons werd gezegd, dat we vanzelf wel wat van de Gemeente zouden horen, wanneer er sprake zou zijn van het moeten indienen van een vergunningaanvraag, dat het voorlopig in elk geval geen zin had. [...].
[...]. De gemeente heeft ons nooit gevraagd een aanvraag voor een bouwvergunning in te dienen. In het 1e of 2e kwartaal van 1993 nodigde ik [inspecteur] uit langs te komen voor advies omtrent aanvraag voor de vergunning van het nu reeds aangelegde dakterras. Hij bekeek het terras, opbouw en omheining en gaf aan dat het er allemaal goed uit zag en conform advies. Toen ik vroeg of het nu tijd was om vergunning aan te vragen, achtte hij dat nog te vroeg: het wachten was nog steeds op definitieve richtlijnen voor Bouw- en Woningtoezicht. Ik zei toen dat ik de aanvraag wilde voorbereiden en vast een bouwtekening wilde laten maken om in elk geval het dossier van het pand compleet te hebben. Bij die gelegenheid vroeg ik hem of misschien het Technisch Bureau van Bouw en Woningtoezicht de tekening voor ons kon maken, uiteraard tegen betaling. We kregen fiat het te laten doen bij hen. Echter, na enige tijd kwam hij terug: het zou geen zin hebben, aangezien er nu echt een impasse was ontstaan bij Bouw- en Woningtoezicht en er dat moment echt geen aanvraag, noch een bouwtekening ingediend kon worden. Op mijn vraag of ik niet

toch melding kon maken van onze wil tot aanvraag en of ik daarbij niet ook de juiste bouwtekening vast kon inleveren, antwoordde hij: 'Mevrouw, waar zouden wij die post moeten opbergen. Er is eenvoudigweg geen laatje, waar we dat in kunnen doen. Als ze in de toekomst bij u komen, is er altijd nog tijd om het in orde te maken. Dat is onbekend nu en als dat niet binnen afzienbare tijd gebeurt, dan ga ik er van uit dat ze u verder ongemoeid laten.' Ik vroeg hem dan in elk geval een verklaring op te stellen. Hij beloofde me geen verklaring, maar zegde wel toe een interne memo te schrijven, zodat in elk geval bekend zou zijn, dat dit terras met bemoeienis van Bouw- en Woningtoezicht tot stand gekomen was.

[...] Dit document moet er daadwerkelijk zijn geweest, want toen mijn toenmalige buurman [...] een [...] aanvraag deed voor terrassen aan de voor- en achterkant van de bovenste verdieping [...], werd mij als directe buur telefonisch gevraagd de tekeningen te komen kijken. [...] Belangrijk is hierbij, dat heel duidelijk bekendheid met ons dakterras aanwezig was bij de Dienst. En nergens werd gerept over het nog moeten indienen van een vergunningaanvraag. Ik ging er dus vanuit dat [inspecteur] gelijk had en wij wel bekend, maar ongemoeid werden gelaten. [...]

[...] Verder hebben wij aan de andere kant voor nr. [...], eind 1999 of misschien begin 2000 een handtekening van geen bezwaar gegeven voor de aanleg van een dakterras [...]. Ook heel belangrijk is, al kan ik niet achterhalen wanneer dat precies was, dat ik ben opgebeld door de gemeente met de mededeling, dat de gemeente een inventarisatie van dakterrassen aan het doen was en de vraag stelde: 'is uw dakterras van voor[?] of daarna?' Ik zei: daarvoor, want het stamt van 1990. Waarop de betreffende ambtenaar reageerde met: 'Oh nee, dat is toch een oudje. Nee, die dakterrassen, zo lang geleden aangelegd, daar doen we niets mee.' Dat was dus weer in overeenstemming met wat [inspecteur] al gezegd had: 'als ze niet binnen afzienbare tijd bij u geweest zijn, dan laten ze dit dak ongemoeid.' Het was immers volgens de toen geldende regels gebouwd, zorgde ook niet voor een gevaarlijke of overlast veroorzakende situatie of iets dergelijks. En was dus okay.

[...] In juli 2006 werden wij geconfronteerd met het plan van [locatie 2] voor een belendend dakterras [...]. Bij die gelegenheid vernam ik dat ons dak 'illegaal' genoemd werd en dat wij daarom geen bezwaar konden maken. [...] Van mevrouw [...] [werkzaam bij de gemeente] hoorde ik dat de term 'illegaal' niets om het lijf had: 'zo worden bij Bouw- en woningtoezicht in de wandelgangen heel oude, nog bestaande dakterrassen genoemd, maar die worden verder ongemoeid gelaten...' [...] Zij nam aan dat ons ook terras juist was.

[...] Toen [een medewerker van de gemeente] mij [...] opbelde op maandag 31 juli, sprak hij ook niet van illegaal. Hij zei alleen dat hij ons dak na zou gaan. Dat is nu 10 jaar geleden en al die tijd hebben wij niets meer vernomen.

[...] Nu, bijna drie jaar nadat we ons huis verkocht hebben [...] komt er bij haar een last onder dwangsom binnen omdat een omgevingsvergunning voor het dakterras met opbouw ontbreekt. Dit terwijl de gemeente in 2006 en daarna ons geheel ongemoeid liet, evenals alle jaren daarvoor van 1990 af. Onzes inziens heeft de gemeente, Afd. Bouw- en Woningtoezicht ten minste drie keer de situatie van het dakterras beoordeeld: in 1990, 1993, 1999 en in 2006. Wij konden dus gevoeglijk aannemen, dat alles in orde was. Er was nooit meer iets van de gemeente vernomen. Logisch voor ons: het dak was in 1990 immers geheel onder begeleiding van Bouw- en Woningtoezicht perfect aangelegd. [...]."

12.1. De Afdeling overweegt in dit verband ten eerste dat zij in dit geval voorbij gaat aan het feit dat het door [wederpartij] gestelde vertrouwen niet jegens haar is gewekt. Omdat het college de onderzoeksplicht en de koper niet aan [wederpartij] heeft tegengeworpen, stelt de Afdeling [wederpartij]'s positie wat betreft eventueel gerechtvaardigd vertrouwen gelijk aan die van haar rechtsvoorgangers.

12.2. De Afdeling beschikt, anders dan de rechtbank, over voldoende informatie om het beroep op het vertrouwensbeginsel inhoudelijk te kunnen beoordelen. De Afdeling wijst er in dit verband op dat het college ter zitting heeft erkend dat [inspecteur] in het verleden als inspecteur Bouw- en Woningtoezicht bij de gemeente heeft gewerkt. Het heeft voorts verklaard dat onderzoek in het archief is gedaan, maar daar niets is gevonden over wat er is gebeurd. Ook is tevergeefs geprobeerd [inspecteur] te vinden. Verder heeft het college ter zitting aangegeven dat het de gang van zaken, zoals die in de verklaring van de rechtsvoorgangers van [wederpartij] is beschreven, niet bestrijdt.
De Afdeling zal daarom het beroep op het vertrouwensbeginsel, in het licht van hetgeen hiervoor is overwogen, inhoudelijk bespreken.

12.3. De Afdeling leidt uit de schriftelijke verklaring van de rechtsvoorgangers van [wederpartij] niet af dat zij ervan uit konden gaan dat de ambtenaren met wie zij over het dakterras hebben gesproken, welbewust het standpunt hebben ingenomen dat een vergunning voor het dakterras en de opbouw niet was vereist. De Afdeling overweegt in dit verband dat de inspecteur Bouw- en Woningtoezicht uitdrukkelijk heeft verklaard niet te weten of een vergunning was vereist, terwijl de twee ambtenaren met wie de rechtsvoorgangers daarna, eind 1999 of begin 2000 en in 2006 contact hadden, het dakterras 'illegaal' noemden. Uit de schriftelijke verklaring blijkt dat de rechtsvoorgangers van [wederpartij] het dakterras hebben gerealiseerd, voordat zij enige zekerheid hadden over een eventuele

59

vergunningplicht. Onder die omstandigheden kan [wederpartij] als rechtsopvolgster zich er niet met succes op beroepen dat het vertrouwen is gewekt dat geen vergunning was vereist, of dat voor het zonder vergunning gerealiseerde dakterras een vergunning zou worden verleend.

12.4. Naar het oordeel van de Afdeling is wel sprake van een welbewuste standpuntbepaling dat niet handhavend tegen het dakterras zou worden opgetreden. De Afdeling betrekt hierbij dat de rechtsvoorgangers van [wederpartij] hun plannen met betrekking tot het dakterras aan [inspecteur] correct hebben medegedeeld. De rechtsvoorgangers zijn er, gelet op de mededeling van [inspecteur], van uitgegaan dat deze plannen alsmede zijn bemoeienis met de plannen in een interne memo zijn opgenomen. Vervolgens hebben twee ambtenaren van de gemeente, wetende dat het dakterras zonder vergunning was gerealiseerd en nadat zij gevraagd hadden wanneer het dakterras is gerealiseerd, afzonderlijk van elkaar, uitdrukkelijk tegen de rechtsvoorgangers van [wederpartij] gezegd dat, gelet op het feit dat dit terras al zo lang aanwezig was, daartegen niet handhavend zou worden opgetreden. Deze mededeling paste ook bij de opmerking van [inspecteur] in 1993 dat, als de rechtsvoorgangers op korte termijn niets zouden horen, ze ongemoeid zouden worden gelaten.

De Afdeling is verder van oordeel dat rechtsvoorgangers van [wederpartij] op goede gronden mochten veronderstellen dat de beide ambtenaren met wie zij hadden gesproken de opvatting van het college vertolkten over het handhavingsbeleid inzake oude dakterrassen. De Afdeling betrekt hierbij dat de beide ambtenaren, van wie de Afdeling aanneemt dat zij belast waren met het toezicht op (handhaving van) dakterrassen dan wel met het beleid inzake (de handhaving van) dakterrassen, verklaarden dat tegen oude dakterrassen niet zou worden opgetreden. Verder acht de Afdeling van belang dat er vervolgens 25 jaar niet is gehandhaafd.

12.5. Het voorgaande betekent dat het beroep van [wederpartij] op het vertrouwensbeginsel slaagt. Hoewel, zoals hiervoor is overwogen, het vertrouwensbeginsel niet zo ver strekt dat gerechtvaardigde verwachtingen altijd moeten worden gehonoreerd, is de Afdeling in dit geval van oordeel dat het college in redelijkheid van handhaving had moeten afzien. In aanmerking genomen dat het dakterras en de opbouw al 25 jaar aanwezig zijn, het college daarvan op de hoogte was, maar geen reden zag om daartegen handhavend op te treden, er niet is gebleken van klachten van derden, ook op de naastgelegen panden dakterrassen aanwezig zijn en inmiddels voor het grootste deel van het dakterras een omgevingsvergunning is verleend, is de Afdeling van oordeel dat niet is gebleken van zwaarder wegende belangen dan het belang van [wederpartij] bij behoud van het betreffende deel van het dakterras die aan het honoreren van de gewekte verwachtingen in de weg staan. Het handhavend optreden is daarom zodanig onevenredig in verhouding tot de daarmee te dienen belangen dat van optreden in deze situatie behoort te worden afgezien.

Conclusie

13. Het hoger beroep is ongegrond. De rechtbank heeft het besluit van 7 november 2017 terecht vernietigd. De aangevallen uitspraak dient daarom te worden bevestigd. De Afdeling zal zelf in de zaak voorzien en het primaire besluit, verzonden op 22 december 2016, herroepen. De Afdeling zal bepalen dat deze uitspraak in de plaats treedt van het door de rechtbank vernietigde besluit. Het college hoeft dus niet opnieuw te beslissen op het door [wederpartij] gemaakte bezwaar. Het voorgaande betekent dat de last onder dwangsom niet langer geldt. De handhavingsprocedure is met deze uitspraak beëindigd.

14. Het college dient op na te melden wijze tot vergoeding van de proceskosten te worden veroordeeld.

Beslissing

De Afdeling bestuursrechtspraak van de Raad van State:

I. bevestigt de aangevallen uitspraak;

II. herroept het besluit van 22 december 2016, kenmerk MVV 80-16-0125 | Z-16-47634 | [locatie 1]-1;

III. bepaalt dat deze uitspraak in de plaats treedt van het door de rechtbank vernietigde besluit;

IV. veroordeelt het college van burgemeester en wethouders van Amsterdam tot vergoeding van bij [wederpartij] in verband met de behandeling van het hoger beroep opgekomen proceskosten tot een bedrag van € 1.280,00 (zegge: twaalfhonderdtachtig euro), geheel toe te rekenen aan door een derde beroepsmatig verleende rechtsbijstand;

V. bepaalt dat van het college van burgemeester en wethouders van Amsterdam een griffierecht van € 508,00 (zegge: vijfhonderdacht euro) wordt geheven.